Meine stille Nacht
12 Geschichten vom Werden

herausgegeben von der Stille Nacht Gesellschaft
mit Mona Müry

müry salzmann

Meine stille Nacht

Marlene Streeruwitz
Stille. Aller Anfang 7

Birgit Birnbacher
Die Hoffnung irgendwohin richten 15

Friedrich Ani
Woher ich komme 25

Elke Laznia
Vom Schauen 35

Walter Kappacher
Es wird wieder Morgen werden 45

Jens Wonneberger
Laurentiustränen 55

Christina Maria Landerl
Weiße Nächte 61

Michael Stavarič
Nachtgedanken 71

Flora S. Mahler
Zweihundertdreiundsiebzig Sekunden 81

Rafik Schami
Der Leib Christi am Weihnachtstag 91

Olga Grjasnowa
Chrismukkah 101

Franzobel
Die Reise in den Himmel 109

Die Autorinnen und Autoren 123

Marlene Streeruwitz

Stille. Aller Anfang

Liegen. Liegen. Liegen. Sie sagte es schnell. Im Kopf. Liegen. Liegen. Liegen. Lang liegen. Sie lag unter diesem Sing Sang. Sie lag tief ins Bett gedrückt. Dieses schnelle Vorsagen. Es machte sie atemlos, und sie musste wieder ans Atmen denken. Wieder. Die letzten 14 Stunden hatte sie es sich vorgesagt. Eins-zwei-drei-einatmen. Eins-zwei-drei-ausatmen. Dazwischen immer nur knapp der Gedanke, dass es richtig war. Dass es sein musste. Dass es alles leichter machte, wenn sie sich an diesen Rhythmus hielt. Und. Sie holte tief Luft. Sie war leichter geworden. Nein. Sie war nicht leichter geworden. Sie war still geworden. Es war still geworden. In ihr. Raste deshalb dieser Sing Sang so mit ihr dahin. Weil Platz dafür war. Dieses Rumoren im Bauch. Diese Anwesenheit. Die Vorhandenheit. Das Kind im Bauch ständig bedacht gewesen. Und das war nicht daneben gewesen. Nebenbei. In einem besonderen Teil des Denkens. An einer bestimmten Stelle. Es war alles Denken davon grundiert gewesen. Von innen. In allem war diese Anwesenheit enthalten gewesen. Auch ihr Denken war schwanger gewesen. Und jetzt war es still und konnte sich nur „Liegen" sagen. „Im Leib", sagte es sich, und sie hörte sich atmen zu. Es war ja sonst nichts zu hören. Das Kind war zu hören gewesen. Innen. Im Leib. Bis eben vorhin. Wenn sie still da gelegen hatte. All die Monate. Wenn es sonst still gewesen war. Es war ein Ton gewesen. Diese Anwesenheit. Ein insgesamter Ton. Sie war dieser Ton gewesen. Dieses leise Dröhnen. Im Frühling gab es das manchmal. Wenn es geregnet hatte und im Wald. Es gab so ein Summen. Wenn alles wuchs und wurde. Aber dieses Hören war ein Gefühl gewesen und auch insgesamt. Sie hatte gesummt, und das war vorbei. Das Summen nun außen und anzuschauen. Sie musste sich nur aufsetzen und hinüberschauen. Auf das kleine Bettchen daneben. Aber. Sie konnte nicht. Sie konnte sich nicht aufrichten. Liegen. Ihr Körper weit entfernt. Nur die Gedanken kreisend. Sie hatte gedacht, sie würde gleich einschlafen. Nachdem alle wieder weg waren. Sie hatte sie weggeschickt. Sie hatte allein sein wollen. Dass alle schlafen müssten, hatte sie gesagt. Dass es so spät sei. Morgen fast. Sie hatte nicht mehr reden wollen. Sie hatte Sorge gehabt, es käme heraus. Wenn die alle noch länger geblieben wären. Es käme heraus, dass sie nur liegen wollte. Nicht reden. Liegen und schlafen. Lang schlafen. Und alles vergessen. Alles vergessen, woran sie sich jetzt schon nicht mehr erinnerte. Die Geburt. Das war, als wäre es schon Jahre vorbei und nicht Stunden. Und. Wenn sie sich nicht bewegte. Es tat nichts weh. Sie musste nur still liegen, und nichts war zu spüren. Und nichts war zu fühlen. Die Gedanken. Hinter ihrem Vorsagen vom Liegen. Langsame Dunkelheit war das. Langsam und schwer. Sie konnte keine Vorstellung hervorholen. Wie das alles nun sein sollte. Was es bedeutete. Sie wusste ja jetzt, wie das Kind aussah. Das Geschlecht. Die Sonogramme waren bestätigt. Ein Mädchen. Das warmkrabbelnde Wesen auf der Brust. Da hatte sie noch fühlen können. Sie hatte sich gefreut. Sie hatte gestrahlt. Das Foto war schon verschickt. Aber dann. Sie hatte nichts mehr aushalten können. Das Kind auf der Brust. Die Nachgeburt hatte sie erschreckt. Sie hatte schon zu vergessen begonnen gehabt. Der scharfe Schmerz. Mitten durch. Von unter dem Nabel mitten durch den Körper. Es hatte sie in die Höhe geworfen. Sie hatte keuchen müssen vor Schmerz, und die Hebamme hatte das Kind genommen. Das Kind. Sie hatten keinen Namen für das Kind. Sie hatten sich auf keinen Namen geeinigt. Sie konnte das Kind nicht ansprechen. Nicht mit Namen. Das war schrecklich. Wie hatte sie das tun können. Kein Name. Da war man nicht existent. Aber es war auch komisch. Alles war komisch und seltsam und weit außerhalb. So viel Aufwand. So viel Getue. Ein Herumgerenne rund um sie. So viel Licht. Gesichter. Gerede. Befehle. Trost. Dass alles gut werden werde. Durchhalten. Es sei schon fast so weit. Und es änderte sich nichts. Es hatte sich nichts geändert. Sie war wie immer schon. Sie war nur Mutter jetzt. Sie war nicht mehr die werdende Mutter. Obwohl da das Kind. Sie waren. Das war innig gewesen. Sie waren innig vereint gewesen. Sie waren in einem summenden Wissen voneinander vereint gewesen. Eine volle Stille war das gewesen. Sie war gern mit dem Kind im Bauch herumgegangen. Sie hatte nicht geredet mit dem Kind. Das war nicht gegangen. Irgendwie hatte sie sich nicht an das Kind in ihrem Bauch wenden können. Sie hatte mit dem Kind mitgedacht. Sie hatte stille Zwiesprache gehalten. Zwiesprache. Zwiesprechen war das gewesen. Und jetzt. Sie war allein. Sie war allein mit ihrem Körper. Sie war verlassen. Zurückgelassen. Sie sollte froh sein. Alles war gut geworden. Aber. Wo war das Glück. Sie hatte ein Glücksgefühl erwartet und war nur müde. Nein. Sie war nicht müde. Das war Erschöpfung. Sie war wach vor Erschöpfung und weil sie nun auf das Kind horchen musste. Sie musste dem Atem des Kinds lauschen. Sie musste nach außen lauschen. „Das ist der Augenblick", dachte sie. Aber das Vorsagen, liegen bleiben zu sollen, ließ nicht nach. Sie war aufgespannt. Sie fühlte sich aufgespannt zwischen dem Liegen und Schlafenwollen und dem Lauschen. Das Lauschen war es, das sie nicht wegsinken ließ. Sie wusste nichts mehr von diesem Wesen. Nicht mehr diese kleinen Tritte gegen die Bauchdecke. Gegen ihr Inneres. Leere. „Liegen." Sie konnte es langsamer sagen. Liegen. Lang liegen. Lang ausgestreckt liegen. In den letzten Wochen. Sie hatte nur noch seitlich liegen können. Sie hatte den Bauch neben sich lagern müssen. Aber sie hatte schlafen können mit dem Kindrumoren in sich. Sie hatte die Beine angezogen und den Bauch die Oberschenkel streifen gefühlt. Sie hatte sich selbst umfangen und das Kind und geschlafen. Warum sagte sie nicht Baby. Warum sagte sie Kind. Und Laura. Laura fiel ihr ein. Die mit Lorbeer Gekrönte. Die Siegerin. War das gut. Es klang schön. War es ihr deshalb eingefallen. Laura. Wie sah eine Laura aus. Sie kannte keine Laura und der Name unbeschrieben für sie. Unbesetzt. Laura. Konnte das gerufen werden. Sie konnte sich keine Antwort geben. „Liegen." Es sagte sich weiter. Aber gedehnt. Schlief sie doch ein. Sie wünschte es sich so sehr. Sehnte sich. „Ich sehne mich nach Schlaf." Schritte auf dem Gang draußen. Hatte sie geschlafen. War sie eingeschlafen. Sie musste nach dem Kind sehen. Aber sie wollte sich nicht bewegen. Die Schmerzlosigkeit so kostbar. Sie war jetzt mit der Schmerzlosigkeit schwanger. Sie behütete diese Leere in sich und hielt die Beine regungslos, den Jammer zwischen den Beinen nicht aufzuwecken. Die kleinste Bewegung ziehender zerrender Jammer. Der Dammschnitt. Die lokale Betäubung zu Ende. Und würde das schlimmer werden. Ihre Füße waren kalt. Sie sollte Socken anhaben. Sie sollte nach einer Schwester läuten und sich Socken anziehen lassen. Sie sollte sich aufsetzen und nach dem Kind sehen. Laura sollte nicht so getrennt daliegen. Aber das Liegen. Sie konnte den Arm nicht heben. Sie lächelte. Sie fühlte sich lächeln und musste darüber wieder lächeln. Schritte auf dem Gang. Wie spät war es. Dunkel draußen, und der Schein der Straßenbeleuchtung fiel ins Zimmer. Sie hatte die Augen geschlossen gehabt. Warum schlief sie nicht längst. Das Kind musste ein Leben lang Laura heißen. Konnte sie das verantworten. Ein Leben lang. Und dann. Fleisch von deinem Fleisch, fiel ihr ein. Sie konnte sich wieder nichts vorstellen. Das dunkle Grau im Zimmer. Nichts genau auszunehmen. Nur zu hören. Das Atmen. Ihr Atmen. Sie hielt den Atem an. Und ja. Ein leises Schnaufen. Ein raschelndes Schnaufen. Ein kleiner Atem. Sie seufzte. Wenn sie weinen hätte können. Es war so traurig. Dieses winzige Atmen. Sie schob den linken Arm zur Seite. Zur Bettkante. Über die Bettkante. Das kleine Bettchen. Sie hatte sich informieren wollen. Sie hatte alles richtig machen wollen. Es hatte sich kein Richtig finden lassen. Das Neugeborene im Bett bei der Mutter. Das Neugeborene in einem eigenen Bettchen. Früher waren die Kinder in Schlafsäle gebracht worden. Weg von der Mutter. Und so, wie sie dalag. Sie drehte die Hüfte ein wenig nach links. Hielt inne. Sank zurück. Lag wieder auf dem Rücken. Dann hob sie die rechte Schulter. Streckte den linken Arm lang aus. Lag auf der Seite. Sie konnte die Kontur des Bettchens sehen. Das Bettchen dunkler abgehoben. Sie tastete nach dem Kind. Legte die Hand um den Rücken. Das Kind war da. Sie konnte das Atmen nun auch fühlen. Sie ließ die Hand da liegen. Lag nun auf der Seite. Still. „Wir zwei", dachte sie. „Wir zwei."

Birgit Birnbacher

Die Hoffnung irgendwohin richten

Mit Anfang zwanzig war ich Praktikantin in der Psychiatrie. Ich lernte dort eine Frau kennen, die sich jedes Jahr um die Weihnachtszeit selbst einwies, weil sie wiederkehrend glaubte, das Christkind von Maria Plain zu sein. Im Vergleich zum Leiden der anderen auf dieser Station schien die wahnhafte Weihnachtszeit dieser Frau eine nahezu harmlose Episode zu sein. Ich fand sie sogar ein wenig charmant. Eindeutig charmant fand ich die Psychiaterin, die diese Frau behandelte und einmal nachdenklich über sie sagte: „Und wer weiß denn schon wirklich, ob sie es nicht ist?"

Ich habe in meinem Leben noch sehr oft an den Satz der Psychiaterin gedacht. Mein Verhältnis zum Christkind, zu Spiritualität im Allgemeinen und zum Glauben im Speziellen ist seit jeher unterkühlt gewesen, ich würde sogar sagen: von Anfang an gefroren. Ich bin in einem streng katholischen Dorf aufgewachsen. Der alte Pfarrer war dafür bekannt, beim Sonntagsgottesdienst die Namen all jener vorzutragen, die wieder einmal etwas Besseres zu tun hatten, als in die Kirche zu gehen. In der Schule sangen wir: *Danke für diesen guten Morgen, danke für jeden neuen Tag, danke, dass ich all meine Sorgen auf dich werfen mag.* Da in meiner Familie „das Beterische" nie besonders hoch angesehen war, fiel es mir leicht, das Notwendige mitzumachen und den Rest zu ignorieren. Die Kirche gefiel mir höchstens lyrisch: *Aber sprich nur ein Wort, so wird meine Seele gesund.*

Mit der Abwendung vom Gebirgsgau wurde ich mit der Zeit ein wissenschaftsgläubiger Mensch. Ich begann zu verstehen, dass Wahrheit stets mit aktualisierten und abgewogenen Argumenten und aus unterschiedlichen Perspektiven erstritten, ausgehandelt und abgeändert werden muss. Ich begann, die Literatur zu lieben und der Sprache zuzuhören. Ich bekam selbst ein Kind, und als es sprach und ich mit ihm, begann es, mir Fragen zu stellen, von denen ich viele nicht beantworten konnte. Es fragte: „Was glaubst du?" Ich fragte mich, was glauben heißt.

Die Wirklichkeit, wie sie nach wissenschaftlichen Standards verhandelt wird, habe ich immer mehr geschätzt als das Vage. Heute weiß ich, das hat viel mit meiner Herkunft zu tun. In der knappen Sprache der Gebirgsgaue musste man sich das meiste dazu denken.

Ich habe das Gefühl, dass mein Sohn an Gott glaubt. Wir sind ohne Konfession, aber er besucht einen Kindergarten, in dem Weihnachten gefeiert

und manchmal auch gebetet wird. Ab und zu fordert er uns zuhause auf, zu beten, aber mittlerweile weiß er, dass wir es nicht tun.
Nun ist er aber groß genug, um die Inkonsequenz in meinem Verhalten zu erkennen, wenn ich bei der Kirchenbesichtigung in einem fremden Ort ein Kerzerl für das ungeborene Kind in meinem Bauch anzünde, in der Hoffnung, dass es, wie man in diesem Stadium sagt, *bleibt*.
„Was glaubst du?", ist eine schwierige Frage geworden, Religion scheint längst kein zeitgemäßes Modell mehr zu sein, und mit einem Ersatz für das Reglement, das sie uns auferlegt hat, schaut es auch eher mau aus, pessimistisch ausgedrückt ließe sich sogar behaupten: das Internet und der Konsum regeln heute Alltag und Wochenstruktur. Aber nicht nur aufgrund der gesellschaftlichen Veränderungen, mit denen wir es zu tun haben, etwa den allseits aufkeimenden Verschwörungstheorien und dem Misstrauen in Medien und Presse, ist das Wort „glauben" irgendwie in eine ganz schön gammlige Ecke gerückt. Die Schnittmenge einer gesamtgesellschaftlichen Vorstellung darüber, was als Tatsache gilt, hat sich, nun ja, ausdifferenziert. Mit einer herkömmlichen Vorstellung von faktenbasiertem Wissen, wie wir sie zum Beispiel durch Fake News und Social Media, die Donald Trumps

und die Xavier Naidoos dieser Welt tagtäglich unterspült sehen, ist es um das Wort *glauben* wie auch um das Wort *wissen* noch einmal schwieriger bestellt, denn was nützt uns alles Wissen, wenn es kaum jemand mehr glaubt?

Das Gegenmittel, die andauernde Auseinandersetzung, der wiederkehrende Dialog, stärkt womöglich unsere Meinung, schwächt aber unsere Geduld. Was glaube ich schon wirklich? Ich glaube an die unbedingte Notwendigkeit der Stärkung demokratischer Grundwerte, stelle aber zugleich eine Müdigkeit fest, was die Mittel der Verteidigung dieser anbelangt. Zum Beispiel das Verfolgen von andauernden Diskursen über den hundertsten offenen Brief. Verteidigung demokratischer Grundwerte, die nicht von intellektueller Selbstdarstellung und permanenter Aufmerksamkeitsalertheit ihrer Verfasser:innen zu unterscheiden ist, kann das „das Wahre" sein?

Trotzdem ist Rückzug keine Alternative, bewusster Medienkonsum Pflicht. Will ich überhaupt alles wissen? Ja, fast. Will ich verstehen, warum immer mehr Menschen eine der vielen bunten Unterarten und Auswüchse eines „Glaubens" dem Wissen vorziehen, dabei aber nicht Gott oder das Christkind meinen, sondern dass wir mit Impfungen gechipt werden? Bedingt. Vor der Wirklichkeit kann man nicht kapitulieren, vor der Frage meines Sohnes will ich aber nicht davonlaufen. „Was glaubst du?", verlangt eine Antwort, die sich nicht allein darauf ausruht, zu betonen, dass es mit dem Begriff des Glaubens kompliziert geworden ist, sofern man ihn beim Wort nimmt.

Es fängt ja schon damit an, dass manche Werkzeuge, mit denen ich mich früher hinausgeredet habe, heute nicht mehr gelten. Zum Beispiel hätte ich früher gesagt: Ich glaube an den Utilitarismus. Durch bald zwanzig Jahre Sozialarbeit bin ich mit dem Glaubenssatz, dass es mehr gute als schlechte Menschen gibt, insgesamt gut gefahren, vielleicht aber auch nur, weil ich ihn auch noch geglaubt habe, als ich es besser wusste.

„Was glaubst du?" Ich frage meinen Mann. Zum ersten Mal, seit wir uns kennen, frage ich ihn: „Glaubst du an Gott?" Er antwortet: „Natürlich! An alle. Auch an die, die noch gar nicht erfunden sind."

Wir lachen, aber das Unbehagen wächst. Vor meinem Sohn komme ich damit nicht davon. Früher hätte ich gesagt: „Ich glaube nicht, aber du kannst glauben, was du magst." Heute würde ich einen solchen Satz nicht mehr aussprechen. Billige Ausreden! Scheinbares Laissez-faire. Das Leben ist vorangeschritten. Ich bin nicht mehr nur Soziologin, nur Sozialarbeiterin, nur Schriftstellerin. Als ich achtzehn war, sah ich zum ersten Mal jemanden sterben. Mit dreißig brachte ich ein Kind zur Welt. Menschen, die mir nahestanden, sind krank geworden. Mütter haben ihre Kinder verloren. Beziehungen, Freundschaften, Familien sind auseinandergebrochen. Atombomben, Finanzmärkte, Pandemien und Angriffskriege erschüttern unsere Zeit. Vieles, woran ich sicher geglaubt hätte, ist anders gekommen, und oft wurde an den Stellen, wo das Leben besonders erbarmungslos wird, deutlich, dass es doch mehr gibt als das, was wir sehen, wovon wir wissen, worüber wir reden können. Glaube ich.

Bisweilen habe ich mich meinem Sohn gegenüber mit Ausflüchten bedient. Anstelle eines Gebets zählen wir abends im Bett auf, wem wir dankbar sind. Seit wir das tun, arbeitet jeder von uns an seiner persönlichen Dankesliste. Sie wird jeden Tag länger. Es ist eine schöne Liste, es ist die Liste aller, denen wir etwas zu verdanken haben, die etwas gesagt, getan oder unterlassen haben, das ihm oder mir oder uns oder der Welt, in der wir leben, zuträglich war. Mein Sohn dankt Rosa dafür, dass sie ihm immer die roten Pommes gibt. Ich danke dem Heiligen Antonius (ja, die Inkonsequenz!), dass er den Autoschlüssel wieder auftauchen ließ. Er dankt allen Weißkopfseeadlern für ihre immense Flügelspannweite. Wenn mir niemand einfällt, danke ich jedes Mal meinem Berufsschulfreund aus der Optikerschule, dass er damals bei der Lehrabschlussprüfung mein verschliffenes Bifokalglas mit seinem getauscht hat, sodass ich mein Ticket nach Äthiopien wahrnehmen konnte, er aber die Prüfung wiederholen musste. „Ist das nicht Schwindel?", fragt mein Sohn. „Ich glaube schon", sage ich. Manches sagen wir nicht laut. Oft schlafen wir ein, bevor wir jemandem gedankt haben. Häufig vergessen wir ganz. Warum aber fällt es mir so viel leichter, zu danken als zu bitten? Weil bitten ein Eingeständnis wäre, an eine höhere Instanz. Ein Wunsch ans Christkind. Weil still im Dunkeln für etwas zu bitten hieße, mit kindlichem Herzen die Hoffnung irgendwohin zu richten.

Das Christkind von Maria Plain hat vielen Menschen Hoffnung beschert. Anlässlich dieses Textes habe ich recherchiert, dass in der Wallfahrtsbasilika Maria Plain ein Gnadenbild zu bestaunen ist, welches im Jahr 1652 nach Salzburg kam. Während des Dreißigjähriges Krieges hat es einen Brand in Niederbayern auf wundersame Weise überstanden. Das Bild zeigt Maria mit dem Jesuskind, und es wird berichtet, dass die Menschen von allerorts zu ihm hin pilgerten und durch die Betrachtung Hoffnung und Zuversicht schöpften. Auffällig ist das transparente Tuch, welches Maria von dem Kind hebt, oder: womit sie im Begriff ist, es zu bedecken. Wenn ich es ansehe, denke ich an die Frau aus der Psychiatrie, an „glauben" und „wissen". Maria zeigt das Kind, aber sie schützt es auch. Die Doppeldeutigkeit, die ihrem Tun abzulesen ist, bleibt Antwort und Frage zugleich.

holder knabe

Friedrich Ani

Woher ich komme

Die Sonne schien am geschliffenen Himmel, und Gott? Werkelte womöglich anderswo.
Ich rief ihn Stunde um Stunde, ich schrie, und niemand erhörte mich. Vielleicht, weil das Zimmer schalldicht war, in dem ich saß, eingebunkert in eine unbegreifliche Wunde. Vielleicht, weil meine Stimme, von allen Echos verlassen, so tief in mir wütete, dass nicht einmal die Spinne aufhorchte, die vor mir übers Fensterbrett krabbelte, von einem Ende zum andern, und zwischendurch innehielt, als erwarte sie ein erlösendes Wort.
Ich war's doch, der nach einem solchen Wort gierte, Stunde um Stunde, von Mittag an. Seit ich von meinem Freund, zu dem ich geschickt worden war, um den Vormittag mit ihm zu verbringen statt mit meiner Großmutter, zurückgekommen war und die Haustür geöffnet hatte. Da stand im Flur die weinende Mutter und sagte... Sie sagte... Dann schickte sie mich nach nebenan und schloss die Tür hinter mir. Und ich? Setzte mich an den Tisch, an dem die Erwachsenen an Festtagen speisten, Onkel und Tanten, Großmutter und Großvater, auch meine Mutter und manchmal sogar mein Vater, der die Woche über in der Stadt arbeitete. Kinder

am Katzentisch bei der Couch, Cousin, Cousine, Nachbarsfreund, ich.

An diesem Nachmittag war ich der einzige Gast. Ich saß aufrecht, beide Hände auf dem Tisch. Schaute zum Fenster mit der Häkelgardine und dem Fensterbrett mit der winzigen, fast unsichtbaren Spinne, die zu wachsen schien, je länger ich schrie, Stunde um Stunde.

Das war am zweiundzwanzigsten Dezember. In zwei Wochen würde ich acht Jahre alt sein. Oder verschwunden von der Welt. Das ist nicht schlimm, sagte ich zu der Spinne, die keinen Mucks machte, wie ich. Großvater ist fortgegangen, ich weiß nicht, wohin, der Gott gibt mir keine Antwort. Warum denn nicht?, fragte ich die Spinne, und sie machte sich wieder auf den Weg, erst zum einen, dann zum anderen Ende des Fensterbretts. Ich bin, sagte ich zu ihr, Ministrant, ich spreche jeden Sonntag zum Herrn, an jedem Feiertag, wann immer der Pfarrer es wünscht. Ich gehorche. Aber Gott gehorcht nicht. Er lässt mich hier sitzen, allein, von drüben höre ich Stimmen, sie reden über etwas, das ich nicht verstehe. Ich verstehe es einfach nicht. Und ich kapiere nicht, warum ich hier sitze und nicht in der Küche bei Großmutter und Mutter und der Nachbarin, Frau Haimer, und sie reden über Großvater, das weiß ich genau, auch wenn ich kein Wort verstehe.

Ich verstehe nichts.
Ich bin dumm.
Dass Menschen sterben müssen, war mir schon klar. Die Schwester meines besten Freundes litt an Leukämie und war nicht mehr zu retten. Frau Haimer hatte es mir auf der Straße erklärt, sie sagte, eine schwere Krankheit, da wird leider nichts zu machen sein. Die aufdringliche und schlaubauchige Haimerin, wie meine Großmutter sie nannte. Wieso sagte sie so etwas zu mir, auf dem Bürgersteig, im Vorbeigehen? Da wird leider nichts zu machen sein. Und bei meinem Großvater? Nichts mehr zu machen? Nichts mehr zu machen, du Gott, du? Red mit mir, du Hund!
Der Hund redete nicht. Im Zimmer war es kalt. In der engen Erdgeschosswohnung meiner Großeltern gab es nur einen Ofen in der Küche, einen Eisenherd, den man mit Kohlen und Briketts fütterte und der den Kaffee heiß hielt, den die Erwachsenen aus einer großen, weißen Kanne tranken, von morgens an. Als ich drei Jahre alt war, öffnete ich das Eisentürchen und warf meinen Schnuller ins Feuer, ohne ein Wort, aus freien Stücken. Das erzählte mir mein Großvater im Krankenhaus, wo ich ihn besuchte. Er lag im Bett und rauchte eine Reyno. Die Krankenschwester meinte, das sei verboten, zu mir sagte mein Großvater, er brau-

che die Mentholzigaretten, um besser schnaufen zu können. Keine Ahnung, was Menthol bedeutete, aber ich wollte, dass er gut schnaufen konnte, und die Krankenschwester hatte ich gleich nicht gemocht. Wieder daheim, füllte er Wasser in Plastikbeutel, schöpfte die Fische aus den zwei Aquarien, die auf den Fensterbänken im Wohnzimmer standen, und brachte sie hinters Haus. Danach sog er mit einem Schlauch das Wasser aus den Aquarien. Was mit den Regenbogenfischen, Guppys, Panzerwelsen, den zwei dreieckigen Skalaren und ihren Kumpels geschehen war, durfte ich nicht erfahren. Großmutter verstaute die Glasbehälter in der Abstellkammer, die „Kalte Küche" hieß, denn es gab keinen Kühlschrank. Deshalb lagerten in dem Raum, der früher ein Stall gewesen war, auch Lebensmittel und Getränke.

Alle hatten gesagt, dass Großvater auch diesmal wieder aus dem Krankenhaus herauskommen und mit uns Weihnachten feiern würde. Was denn sonst?, hatte Mutter gesagt, und Großmutter: Mach dir keine Sorgen, das Christkind wartet schon auf dich.
Auf mich wartet kein Christkind, sagte ich zur Spinne im kalten Zimmer, das Christkind hat der Gott hinters Haus gebracht, und jetzt ist es weg

für alle Zeit. Das weiße Hemd, das mir Mutter in der Früh angezogen hatte, bevor sie mich über die Straße zu meinem Freund schickte, dessen Schwester gestorben war, roch nach Waschpulver und kratzte am Kragen. Meine Hose hatte Bügelfalten, die schwarzen Halbschuhe glänzten fast. Mir fiel auf, dass ich angezogen war, als würden wir gleich etwas unternehmen, ins Gasthaus gehen, weil jemand uns eingeladen hatte, oder zum Fotografen. Am liebsten wäre ich aufgesprungen, um an die Tür zu klopfen. Ich traute mich nicht. Wieso denn nicht? Wieso nicht?, schrie ich, wieso nicht? Wieso bin ich so feig?, brüllte ich die Spinne an. Das schien sie fürchterlich zu erschrecken. Plötzlich flitzte sie auf dem Fensterbrett hin und her, nach rechts, nach links, ich kam mit den Augen nicht mehr hinterher.

Aber ich war doch nicht schuld. Hatte schon begriffen: Kein Fitzel Laut kam aus mir raus, mein ganzes Schreien war in mir drin, wie in einem eisernen Ofen, in dem alle Geräusche verbrennen, und draußen hört man bloß ein leises Knacken. Wischte mir Schweiß vom Gesicht, wieder und wieder, und hockte da, die Hände zu Fäusten geballt, und wünschte, Großmutter käme herein und stellte eine Schüssel mit ihrem berühmten Kartoffelsalat, dessen Rezept nur sie kannte, in die

Mitte, und wir alle setzen uns nieder, die Erwachsenen in trauter Runde, die Kinder am niedrigen Couchtisch, und Großmutter klatscht mit dem silbernen Schöpfer jedem eine satte Portion auf den Teller, und wir schmatzen und kauen die Gürkchen und Radieschen, und wir schmecken den mit dem Kartoffelsalat vermengten Fleischsalat heraus, und die Kapern und Zwiebelchen, und wir stillen unseren Hunger, der nicht kleiner wird, so viel wir auch futtern.

Und ich wünschte, Großvater schneite ebenfalls überraschend herein, mit einer Mentholzigarette zwischen den Fingern, und würde schnaufen, dass jeder es hört, und heimlich würde ich den Rauch einsaugen und die Luft anhalten, damit ich nicht husten müsste, jedenfalls nicht sofort.

Und ich wünschte und wünschte und verwünschte das Christkind und den Gott und die Welt und das Zimmer. Und die Spinne verschwamm vor meinen Augen, als tauchte sie mit den Skalaren in einem Aquarium, hinter Glas, und ich möchte sie herzen und ihr zuflüstern, wie lieb ich sie hab und dass sie sich keine Sorgen machen soll, ich würde ihr leckere Sachen servieren und sie verwöhnen, wie das so der Brauch in diesem Zimmer sei.

Sieben war ich und ein Blödian. Menschen sterben, jeder Depp im Dorf wusste das, und ich verfluchte trotzdem den Herrgott und seine Heerscharen. Ich hörte nicht mehr auf zu fluchen, die Worte in mir loderten, das spürte ich, wie Scheite im Kohleofen, die Welt für mich war nur noch Abfall, der verbrannt gehörte. Hau ab, fluche ich lautlos laut, ich hasse dich, ich verachte und verabscheue dich, du hast mir den Großvater gestohlen, der mein Leben behütete wie das seiner bunten Fische, und jeder soll hören, dass du eine Lüge bist, du existierst nicht oder nur als letzter Dreck am Ende des Universums. Du hast mich verraten, schrie ich, nie wieder werde ich an dich glauben, nie wieder und nie.

So dumm bin ich gewesen, so ausgemergelt von Einsamkeit und jenem Schmerz, den ich mit niemandem teilen durfte. Ich sehe mich sitzen im Wohnzimmer, das bei ausgezogener Couch als Schlafzimmer diente, nachts und auch tagsüber, wenn die Großeltern von der Arbeit in der Gaststätte nach Hause kamen und sich zum Mittagsschlaf hinlegten, ich zwischen ihnen, der nicht müde war und auf nichts sehnlicher wartete als auf das Klicken des Windfeuerzeugs, mit dem Großvater sich nach kurzer Ruhe die unvermeidliche Reyno anzündete. Dann hob ich die Hand und winkte ihm zu, von unten aus der Kuhle her, und er griff nach meiner Hand und drückte sie fest. Das war mein Leben als Kind, und dann war es vorbei.

Zwei Tage nach der Ewigkeit im Zimmer, in Gesellschaft einer unsterblichen Spinne, schien die Sonne am geschliffenen Himmel, und Gott? War womöglich anderweitig beschäftigt, mit den Geburtsvorbereitungen für seinen Sohn oder mit Reparaturarbeiten an den Gestirnen. So glitt der Sarg ohne seinen Beistand in die Erde, vor meinen Augen, alles glasklar, denn ich heulte nicht, ich schaute dem Verschwinden eines Menschen zu, von dem ich in diesem Augenblick absolut sicher war, er würde meine Hand halten, solange ich mich an ihn erinnerte.
Diese Geschichte ist meine ganze Autobiografie.
Schlafe in seliger Ruh.
Schlafe in seliger Ruh.

alles schläft

Elke Laznia

Vom Schauen

Morgens reib ich dir den Schlaf aus den Augen, und den Tod, der im Blickwinkel sitzt, hast du wieder weiße Mäuse gesehen, frag ich dich, hattest du nachts Besuch, ja, sagst du, heut waren zwei Leut in der Küche, ein Paar, sie stritten sich lautstark und ein Kind weinte, es saß auf den Stufen, Hände auf den Augen, dem Gesicht, schluchzend, sie schrieben mit weißer Kreide Buchstaben auf die Badezimmertür, die konnte ich nicht entziffern, sagst du, und als ich kam, waren sie schon fort, samt dem Kind und den Schriftzeichen, waren mit Sack und Pack ausgezogen. Das war wohl eine Fata Morgana, sagst du, bist aber doch stutzig geworden, weil sie die Buchstaben so schnell und spurlos von der Tür gewischt haben. Schau noch einmal nach, bittest du mich. Ich schaue nach, seh aber nichts.

Wenn du beim Spazierengehen, deinem Hin- und Hergehen im Haus, mit dem Rollator langsam durch den Vorraum bis zur Terrasse und wieder zurück in die Küche fährst, du verlässt das Haus nicht mehr, am Badezimmer vorbeikommst, wirfst du einen Kontrollblick zur Tür, um sicher zu sein, dass wirklich keine Spuren mehr da sind. Man weiß ja nie.

Es ist wichtig, immer nach vorn zu schauen beim Gehen und im Rhythmus zu bleiben, und wenn du aus dem Tritt gerätst, die Füße nicht mehr so wollen, wie sie sollen, greife ich dir unter die Arme und beginne die ersten Takte des Donauwalzers, Donau so blau so blau so blau, bei jedem Blau ein Zentimeterschritt, so machen wir ihnen Beine, deinen Beinen, taktvoll, hintrisch gelingt es nicht mehr, nur bevor du dich aufs Kuchlbankl setzt, dich zuerst am Tisch anhältst, kannst du mit deinen Schlapfen ein paar Zentimeter rückwärts rutschen, um dich auf die Bank fallen zu lassen. Nur ich darf dir gelegentlich über die Schulter schauen.

Ich steche Röhrlsalat für unser Mittagessen, wasche ihn dreimal, das ist eine liebe Mühe, du schaust mir auf die Finger, aber ich mache alles zu deiner Zufriedenheit, koche Erdäpfel, schneide sie auf und den übriggebliebenen Osterschinken, bereite unser Essen zu, so ein herrliches Festmahl, sagst du, und: früher hätte ich am Katzentisch sitzen müssen in meinem Alter, und bittest mich, dir beim Essen nicht zuzuschauen, ich schaue also nicht über meinen Tellerrand. Nach dem Essen wische ich dir mit einem nassen, warmen Lappen das Essen von den Händen, aus dem Gesicht, du bist grün bis hinter die Ohren.

Mit dir ist es schön, Phrasen zu dreschen, das ist bestimmt das Wetter, alles wird wieder gut, warten wir, bis Gras drüber gewachsen ist, in alter Frische, das liegt am Vollmond, heut ist ein schlechter Tag, aber es wird schon wieder, schlafen wir einmal drüber, so ist das Leben, man muss nicht alles haben, schauen wir weiter.

Leg mich ein bissl hin, bittest du mich, heb mir die Füß auf die Bank, und ich sag, ja, ich leg dich jetzt um, wir lachen. Wenn ich dir die Beine auf die Bank lege, kippst du schnell, hast so steife Glieder, und ich polstere dich ein, passt das so, frag ich dich, ja, bleibst halt da, sagst du, dann mach ich ein bisschen die Augen zu.

Es reicht, wenn einer da ist und irgendwo steht oder sitzt und schaut, dich zumindest im Blickwinkel hat, dann bist du schon ruhig und zufrieden.

Dass sich deine vier Kinder in alle Himmelsrichtungen zerstreut haben, deine sieben Enkelkinder und die vier Urenkelkinder, sagst du oft, wenn wir beisammen sitzen und ich nachfrage, wie es denn allen geht, ob es etwas Neues gibt und was sie dir erzählen, in alle Himmelsrichtungen sind sie zerstreut, wiederholst du, mit einem lachenden und einem weinenden Auge, hast sie aber trotzdem im Blick, obwohl sie so weit fort sind, zumindest ein Auge auf sie, drückst manchmal eines zu, wenn es sein muss. Nur die älteste Tochter ist dir inzwischen zur Mutter geworden, bist ihr Kind geworden und meines auch. Ob ich ihr dann einmal zur Mutter werde, deiner Tochter, meiner Mutter, ob sie es will, erträgt, die Zeit wird es zeigen. Wie wir Frauen immer und überall zu Müttern werden.

Teilhaben mag ich halt noch, sagst du, am Leben, und etwas vor Augen haben, zuschauen, wie sich die Kinder entwickeln, was sie erzählen, worüber sie sich freuen, was sie beschäftigt, du schaust, schreckst regelrecht auf, als du dich plötzlich an Hannahs Lachen erinnerst, und lachst selbst Tränen, bis du dich verschluckst und kaum wieder derfangen kannst, ich dir den Rücken klopfe, um dein Husten herauszuholen, nur weil du dich erinnerst, an Hannahs Lacher, und dich sogar durch dein Erinnern ansteckst.

Der Efeu, der das Haus überwächst, bildet erst im Spätsommer Blütenstände aus, die gelbgrünen Blüten öffnen sich, Bienen, Hummeln, Schmetterlinge und Wespen bedienen sich, es summt, flattert und vibriert an den Wänden, in den Wänden, später sind es die blauen Beeren, die klebrig oder getrocknet mit dem rotgelben Laub abfallen, den Boden der Terrasse bedecken, die gesprengten Ziegel, die kaputte Fassade freilegen. Die Blätter verfangen sich in den Rädern des Rollators und die Beeren picken als blaue Flecken darauf, ziehen eine Spur bis in die Küche.

Wenn du dich am Terrassengeländer festhältst, den Rollator sorgsam in Griffnähe parkst, in Nachbars Garten hinunterschaust und die Eselin rufst, Evale, mit durchsichtiger Stimme, trottet sie herwärts, in deine Richtung und schaut zu dir herauf, und du schaust hinunter zu ihr. Das ist ein großer Blickwechsel. Oft schreit sie herauf zu dir. Manchmal rufe auch ich sie, Evale, aber sie rührt sich nicht.

Wenn du auf deinem Kuchlbankl sitzt und in die Luft schaust, bin ich immer versucht, dich zu fragen, geht es dir wohl gut, ist dir langweilig, möchtest du Radiohören, was essen, was trinken, du musst mehr trinken, ist dir kalt, ist dir heiß, soll ich dir aus der Zeitung vorlesen, weil ich es schwer aushalte… du schaust nicht mehr weit in die Luft, dir bleibt der Blick am Tisch hängen, auf deinen Händen, oder wer weiß, wo er herumschweift.

Vor Weihnachten legten wir Briefe ins Fenster, fürs Christkindl, erzählst du, hast aber vergessen, welche Wünsche es waren, einmal hab ich ein Federladl bekommen, das war zweistöckig, mit Bleistift und Griffel. Stolz in deiner Stimme.

Wir werden von meinem Telefon unterbrochen, Miriam ruft an, wir facetimen, und du machst große Augen, siehst ihr kleines Bildschirmgesicht und bist wie jedes Mal hin und weg, bist du da, fragst du wieder und wieder, und sie sagt ja, ich bin da, und sie winkt und erzählt, was sie so tut, was sich so tut, ist am Nachhauseweg, ihr wehendes Haar, da schaust du nur so, sie spricht langsam und lieb, und als sie zu Hause ankommt, sehen wir ihr zu, wie sie sich schwungvoll die Jacke auszieht, schauschau, sagst du, dann spielt sie für uns noch auf dem Klavier, stellt ihr Handy dafür auf den Notenständer, ist denn das möglich, sagst du immer wieder kopfschüttelnd, und sie sagt ja und winkt, dir steht das Wasser in den Augen, bis sie übergehen, Tränen rinnen dir über die verkrustete Haut, ich wische mit den Händen über deine Wangen, und wenn du zu weit nach links kippst, absackst, darauf hab ich ein Auge, dann richte ich dich wieder auf, rücke dich zurecht.

Zu Weihnachten aßen wir Nussn, Kloazn und Apfelschalalen, die klaubten wir aus der großen Schüssel am Tisch und tranken Tee, erzählst du, wenn ich weiter frage, was war und wie es war, erzählst die Geschichten immer wieder, weil ich immer wieder frage, sie von einem zum anderen Mal vergesse, dann aber bemerke, dass ich sie schon kenne, von irgendwoher, nein, nicht von irgendwoher, von dir, ich bin diejenige, die deine

Erinnerungen vergisst, und wenn ich sie erneut höre, gehen sie mir auf, als wären es meine.

Wenn es dir wie Schuppen von den Augen fällt, dass es nicht mehr lange dauern kann, nicht mehr lange gehen kann, so, kriegst du feuchte Augen und weinst sie dir aus. Ich mag nicht mehr, sagst du, und ich rücke dich gerade, rede dir ein, dass wir weitermachen müssen und ich dich brauche, Kopf hoch, Augen zu und durch, sag ich. Danach geht es wieder, bist aber müde und still. Wir werden schon sehen, wie es wird, sagen wir dann, und versuchen, alles in einem anderen Licht zu sehen. In welchem, wissen wir nicht. Es dunkelt schon.

Geh nicht in den Hof, du musst auf dich schauen, sagst du, des Tags fällt der Schnee und taut auf dem Dach und friert im Schatten zu Eis, das lauert hinter der Regenrinne, mit eingezogenem Kopf eile ich vorbei, kommst halt schnell wieder, sagst du, wenn ich gehe, und: bist du gut wieder da, wenn ich den Müll in die Mülltonne geworfen und wieder in der Küche bin. Ich bin wieder da, sag ich, damit du deinen Augen traust.

Man muss immer bei der Wahrheit bleiben, sagst du, hast dir deine Wahrheit gezimmert und sie wieder abgetragen und eine neue gebaut, je nachdem, was nötig war, womit du besser leben, es allen rechtmachen konntest, und wohnst darin, seit bald hundert Jahren, und ich beerbe dich, der Apfel fällt nicht weit vom Stamm, mit deiner Wahrheit muss ich umgehen, aber ich biege sie, finde mir meine Wahrheit, dein Erinnern ist selektiv, was du erzählst, wählst du feinsäuberlich aus, und was ich höre und wie ich mich erinnere, an das, was du sagtest, von dem, was du tatest und sprachst, was du erfandest und fandest, was du hattest und woran es dir mangelte. Manchmal höre ich weg, bin mit meinem Kopf woanders, verschließe die Augen vor deiner Wahrheit, deshalb ist es gut, wenn du die Dinge wiederholst.

Es wird Abend, ich bring dich ins Bett, rücke und ziehe dich zurecht, zupfe an deinem Nachtgewand, deiner Decke, den vielen Polstern unterm Kopf, unter den Füßen, zwischen den Knien, bis du gut liegst, bist mein Kind und ich deine Mutter, küsse deine Stirn, gute Nacht gute Nacht, träum süß von sauren Gurken und nicht von weißen Mäusen, ich lass die Tür einen Spalt offen, sag ich.

Es ist Nacht, und du schläfst nicht, rufst nach mir, ich fliege zu dir ans Bett, singe dir vor, knie am Boden, lehne über dem Seitengitter deines Krankenbetts und singe dir vor, alle drei Strophen unseres Lieds, bist du nit bei mir ist das Frohsein so schwa, grod als won auf amol gor ka Sunne mehr war, dein Gesicht ist kindlich offen, ein einziges Schauen, du hast meine linke Hand mit deinen Händen warm umschlossen, meine rechte liegt auf deinem Knie, hab immer so kalte Hände und dein zarter Körper ist warm, da sind nur meine Stimme und das Ticken der Pendeluhr im Vorraum, ja kimm lei bald hinta, mei Dirndle kimm ham, das Lebm is gschwind umma und das Jungsein a Tram, und du bittest mich, noch einmal zu singen, unser Lied, wie ein Kind sagst du: noch einmal, und ich singe für dich, diesmal leise, weil du mich mit anderen Ohren hörst, mit anderen Augen anblickst, es ist ein einziges Hören und Schauen, du bist grad so sehr am Leben, dass es schön wäre, wenn du jetzt sterben könntest. Aber du kannst nicht. Hältst meine Hand, sie ist inzwischen angewärmt. Lässt nicht los. Willst nur schauen, aber nicht dem Tod in die Augen. Noch nicht.

Dann schweige ich. Wir schweigen. Schauen einander an, in deinen Augen liegt warm die Stille der Nacht. Du bleibst, solange es geht. Morgen ist Frühling.

Walter Kappacher

Es wird wieder Morgen werden

Der Bischof komme aus Arezzo, hatte Cristina gesagt, und abends gebe es ein Fest. Stefan wunderte sich: „Bei uns zuhause wird, soviel ich weiß, nur zu Pfingsten gefirmt." Ob es damit zu tun habe, dass in die Dörfer hier nur selten ein Bischof komme?
Nach dem nächtlichen Regen lagen in der Früh, als er die Haustür aufmachte, die Terrassen unterhalb des Hauses im Nebel, der vom Talgrund heraufzog; Dunstschleier stiegen in die Höhe, schlangen sich umeinander, lösten sich auf. Aus dem Hahn des Hausbrunnens floss nur dünnes Rinnsal. An diesem Tag hatte er keine Lust, weiter Wasserschläuche einzugraben. Die Gräser waren nass, daher traute er sich ohne Stiefel mit zwei Eimern zur Quelle, um Wasser zum Geschirrspülen zu holen. Auf einmal war er völlig vom Nebel eingeschlossen; einige Amselrufe von ferne waren die einzige Verbindung zur Außenwelt. Am Vormittag verzogen sich die Nebel, die Sonne löste die Dunstschleier auf.
Am Nachmittag gegen halb sechs, längst war es wieder trocken geworden, spazierte er los. Al er das Dorf erreichte, über den von Brombeerranken überwachsenen Pfad hinten hinauf, vorbei an Antonio Ferrettis verwahrlostem Hühnerstall, standen auf

der Piazza nur einige wenige alte Männer beisammen, trugen Sonntagskleider, schienen aber gar nicht festlich gestimmt, erwiderten kaum seinen Gruß. Mario war nicht zuhause, auch nicht auf der Baustelle außerhalb von Gello. *In paese*, sagte Lena, die er unter anderen Mädchen, alle in weißen Kleidchen, auf dem Kirchvorplatz traf. Ihm schwante jetzt, dass Mario ihm vielleicht entgegen gegangen war und sie sich verfehlt hatten; oft kürzte er den Weg durch die Büsche ab. Er kehrte um, beschloss, den Abend auf dem Stuhl vor dem Haus zu verbringen, aber im Friedhofsgeviert fand er Mario mit seinem Schwager Vittorio, im Vorbeigehen hatte er ihre Stimmen gehört. Sie hockten an der schattigen Innenmauer. Es war immer noch so heiß, dass er kaum atmen konnte, obwohl die Sonne gleich den Umriss der Hügelkuppe entzünden würde. Sie hätten zuviel vom Vino Santo getrunken, sagte Mario. Den Vino Santo hätten sie getrunken, weil die Kuchen so trocken gewesen seien. Jede der Hausfrauen von Gello habe einen gebacken. Er hatte den langen geschmückten Tisch auf dem Platz vor der Kirche oben gesehen. Nein, *normalen* Wein gebe es erst am Abend. Er konnte sich denken, wie sarkastisch Vittorio sich darüber äußerte, dass Mario seine Tochter firmen ließ, und wie Mario wahrscheinlich konterte, Eva laufe in Arezzo jeden Tag in die

Frühmesse. Er wünschte beinah, er wäre nicht nach Gello gekommen, hätte den Abend und die hereinbrechende Nacht wie in den letzten Tagen auf seinem Stuhl an der Hausmauer verbracht. Bloß dass sich jetzt der Hunger verstärkte. In Erwartung eines angekündigten Festmahls hatte er mittags bloß Brot und ein paar Tomatenscheiben mit Öl und Zitronensaft gegessen.

Als er gegen halbzwölf heimwärts wanderte, tat es ihm immer noch leid um den Abend, obwohl es während des Essens in der *cantina* des Dorfes, die nur zu solchen Gelegenheiten aufgesperrt wurde, zuletzt noch fröhlich und laut geworden war. Der hagere Bischof hatte sich neben ihn gesetzt, seine Hand ergriffen und ewig nicht mehr losgelassen, hatte ihm von seinen Reisen nach Bamberg und Würzburg erzählt; je länger er sprach, desto besser wurde sein Deutsch. Stefan hatte bemerkt, wie Vittorio herüberfeixte. Man hatte ihm zugeprostet und ihn gefragt, was die Wildschweine machten, ob sie seine Zucchini schon aufgefressen hätten, und allmählich hatte er sich als dazugehörig empfunden. Eine quirlige Blondine hatte über den Tisch herübergefragt, ob er sich nicht fürchte, nachts am Friedhof vorbeizugehen. Nach der Hauptspeise hatte sie mit ihrem Haarreifen auf die Tischplatte geklopft: „Dol-ce, dol-ce …!"

Es war sehr dunkel auf dem Heimweg, der Mond noch hinter dem Osthügel, und als er einmal vom Weg abkam – er hatte im Gehen die Krone der riesigen Pinie am Ortsausgang betrachtet, wie sie sich vom Nachthimmel abhob, wäre dabei beinahe den steilen Hain hinuntergestürzt –, bereute er, Marios Taschenlampe, die dieser ihm angeboten hatte, nicht genommen zu haben.

Später, im Bett, schreckte ihn ein lautes Geräusch wach. War in der Dämmerung wieder einmal eine Fledermaus hereingeflogen? Er hatte, um genug Luft zu bekommen, bevor er sich niederlegte, alle Läden geöffnet. Er stand auf, um sie hinauszuscheuchen, sonst würde er nicht mehr zum Schlafen kommen. Mit der Taschenlampe suchte er die Deckenbalken aller Räume ab und erblickte die Fledermaus im vorderen Zimmer, hoch oben, zwischen Balken und Gemäuer: Sie hatte sich schmal gemacht und in den Spalt gezwängt. Ihre Augen sahen ihn erschreckt an, als er hinaufleuchtete. Ob sie sich verletzt hatte? Er öffnete die Läden und Fenster und klopfte mit dem Besenstiel gegen die Balken, aber sie blieb in ihrem Schlupfwinkel. Beim Schließen der Läden sah er, wie das schwache Mondlicht die Wiese in ein märchenhaftes Dämmerblau tauchte. Gähnend öffnete er den Riegel und stieg die Stufen hinunter. Draußen war es frisch; nur da und dort zirpte eine Grille. An der Hausmauer stand der Stuhl; er erinnerte sich, dass er den gestrigen Abend versäumt hatte. Am schwarzblauen Gegenhang drüben außerhalb von Gello sah er ein schwaches Licht blinken. Es musste das Gehöft von Bindi sein; am Tag war der hinter einem Olivenhain verborgene Hof unsichtbar. Er holte sich eine Decke und setzte sich auf den Stuhl. Schon freute er sich auf den nächsten Abend, auf die im Tiefflug ums Haus flitzenden Schwalben.

Auf dem nächtlichen Heimweg hatte er sich überlegt: Wie viele Menschen kennst du, mit denen du hier sitzen könntest, ohne dass es die Stimmung störte? Ob er es jemals satt bekäme, hier zu verweilen, den Wechsel des Lichts, der Färbungen, der Geräusche zu erleben? Je länger er abends auf den Höhenzug bei Gello schaute – seine Abhänge waren bebaut, kultiviert, während die beiden halbkugelförmigen Hügel davor dicht bewaldet waren –, desto mehr überraschte er ihn immer wieder mit Niegesehenem. Die terrassenförmig angelegten schmalen Äcker und Olivenhaine, die Eichen und Kastanien, die Weinberge. Am liebsten schaute er auf die Olivenbäume direkt vor ihm. Ihre knorrige Gestalt, ihr eigenwillig ausgestrecktes verwinkeltes Geäst – sie schienen sich mitzuteilen. Wenn er sie lange genug betrachtete und nichts mehr dachte, schien er manchmal für einen Augenblick ihr Wesen zu verstehen; in Worte hätte er, was sie ausdrückten, nicht übersetzen können. Abends schimmerten ihre zerfurchten, schief gewachsenen Stämme in einem silbrigen Graublau. Nie wurde er müde, sie anzuschauen, wie sich ihre Erscheinung wandelte, bis sie sich völlig in der Schwärze der Landschaft auflösten und nur noch das zarte junge Geäst ihrer Kronen, das über die schwarze Masse der Hügel hinausragte, gegen den etwas helleren Nachthimmel sichtbar war, fein wie Spinnweben.

Im Osten sah er einen hellen Schimmer über der Kuppe des Hügels. Ein Käuzchen schrie hinter dem Haus. Seltsam, wie er sich im Laufe der Zeit doch an alle die Geräusche gewöhnt hatte und sich nicht mehr wie in den ersten Nächten ängstigte, wenn es auf dem Dach scharrte und Ziegel klapperten, wenn ein Tier unter dem Fenster des Schlafzimmers durchs knackende Buschwerk preschte oder eine Maus in der Küche in einem Müllsack, den er am Dachbalken aufzuhängen vergessen hatte, herumraschelte. Das Licht bei Bindi war erloschen. Plötzlich erschreckte ihn die Vorstellung, dass es in Gello keine Menschen mehr gebe, auch nicht hinter den Hügeln und Bergen. Dass er der einzige Mensch sei auf der Welt. Dass keiner mehr da sei, dem er sich mitteilen könnte. So sehr er die Landschaft mochte, sich in Momenten des selbstvergessenen Schauens nicht mehr als ein Gegenüber empfand, sie genügte ihm nicht zum Leben. Er als der letzte Mensch auf der Erde – es schüttelte ihn vor Entsetzen. Er stand auf, schlug die Decke enger um sich und ging vor dem Haus auf und ab, holte dann Bleistift und Notizbuch, um seine Eindrücke aufzuschreiben. Aber den Schauder von vorhin konnte er jetzt nicht mehr nachvollziehen; er war sich wieder sicher, dass es Menschen gab hinter den Hügeln. Seltsam, dachte er, als er wieder saß, er hatte nicht an Monika gedacht, sondern an Mario und Nardo Marini, um mit ihnen übers Wetter oder anstehende Renovierungsarbeiten am Haus zu reden. Auch wenn er die Schutzmantelmadonna von Piero oder die Sieneser Meister für sich allein hätte oder sogar die ganze Altstadt von Perugia, samt der *Fontana Maggiore*, er könnte sich daran nicht erfreuen, wenn er sein Erleben nicht mit jemandem teilen konnte.

Die Silhouetten der Bäume hoben sich immer deutlicher ab von dem heller werdenden Hintergrund. Von der Passstraße war durch den Wald herüber das Geräusch eines sich hochquälenden Dreiradtransporters zu hören. Es wird wieder Morgen werden, die Sonne wird erscheinen, und es sind Menschen auf der Welt.

Ihn fröstelte, er stieg die Stufen hinauf. Wenigstens schien die kühle Luft die Mücken daran gehindert zu haben, ihn zu umsummen und zu stechen. Er trug den Stuhl ein Stück in die Wiese, drehte ihn herum, wendete sich der Hausfront zu. Ein Lichtstreif in der Verlängerung der linken Hauskante machte ihn stutzig. Er stand auf und ging schauen. Es war der Mond, der jetzt auf der südöstlichen Seite am Rande der Hügelkuppe schien; er strich mit der Hand über die in warmes Licht getauchte Hausmauer, sie fühlte sich warm an – wenigstens kam es ihm so vor.

Waren das Schritte vor dem Haus? Er stützte sich im Bett auf und lauschte. Hatte er den Riegel vorgeschoben? Jetzt zeigte auch ein Blick aus dem Fensterwinkel schon, dass es hell wurde; der Himmel färbte sich am Horizont über den Hügeln weiß, nur oben am Firmament war er schwarzblau, und einzelne Sterne blinkten noch. Halb fünf vorbei. Ob er noch einmal einschlafen konnte? Die ersten Nächte in Mora: Wenn er manchmal mitten in der Nacht wach geworden war, den Geräuschen draußen nachgelauscht hatte – wie hatte er den Morgen herbeigesehnt! Welch eine Freude, wenn später blendendes Sonnenlicht hereinflutete und die Erinnerung an beängstigende Eindrücke und Vorstellungen verscheuchte, als hätte es sie nie gegeben.

einsam wacht

Jens Wonneberger

Laurentiustränen

Alles war vorbereitet. Ich hatte den Schreibtisch ein Stück zur Seite gerückt, um Platz für einen zweiten Stuhl zu schaffen, du hattest den Weißwein kaltgestellt. Die Handys waren ausgeschaltet. Auch der Wetterbericht war verheißungsvoll, die Nacht versprach mild zu werden, mild und vor allem klar. Das Fenster in meinem Arbeitszimmer war hochgeklappt, doch erst als du das Licht ausgeschaltet hattest, öffnete sich das Zimmer plötzlich zum Raum, als habe jemand ein schwarzes Tuch vom Dach gezogen.

Wir starrten in die Dunkelheit, die, als sich unsere Augen an sie gewöhnt hatten, allmählich einige Konturen freigab, den nahen Kirchturm, ein paar Baumkronen und die Hügel am Horizont, die freilich, wie mit winzigen Lichterketten behängt, nur zu erahnen waren. Die ersten Sterne wurden sichtbar, und ich dachte wehmütig an die Mauersegler, die gestern zum letzten Mal in diesem Jahr den Himmel über dem Haus bevölkert hatten. Am Nachmittag war es nur ein Gewimmel winziger Punkte gewesen, die weit oben sanft dahinglitten, verspielt und mit aufreizender Gelassenheit, gegen Abend aber hatten sie sich zu Schwadronen formiert, die in waghalsigen Sturzflügen ganz nah am Fenster über meinem Schreibtisch vorbeischossen, direkt auf die Brandmauer des Nachbarhauses zu, wo sie im letzten Moment abdrehten, und ihr schrilles Kreischen glich dabei einem Jubel, der allein dieses Dasein in der Luft zu feiern schien. Heute war der Himmel leer und still gewesen, nur ein paar Fledermäuse hatten mit ihrem zappelnden Geflatter die Dämmerung durchgeistert, hektisch, aber lautlos Haken schlagend, als seien sie auf der Flucht. Und doch würden sie bleiben und sich wieder in ihren Löchern und Ritzen verkriechen, während die Mauersegler in südliche Gefilde davongeflogen waren... Schade, sagtest du und meintest die Milchstraße, die wir auch in dieser Nacht über der Stadt nicht sehen würden, weil die Menschen aus Angst vor den Schrecken der Dunkelheit die Lichter nicht ausgehen ließen, aber ihr damit eben auch die Schönheit und ihren Zauber nahmen. Doch selbst über dem milchigen Schimmer der Stadt war die Zahl der Sterne beträchtlich, und der Stolz, mit dem du einige beim Namen nanntest, war zugleich ein Eingeständnis, die so vieler anderer nicht zu kennen, nicht einmal ihre Zahl, aber das sagte ich nicht und dachte noch einmal an die Mauersegler, als müsste es auch gestern wenigstens einen Moment gegeben haben, an dem ihr verspieltes

Dahingleiten erstarrt war, diesen Augenblick, in dem vielleicht die Zeit stillstand, bevor die Vögel kreischend herabgestürzt waren... Gleich müsste es so weit sein, sagtest du, und ich spürte deine Aufregung, denn es war die Zeit der Perseiden, du hattest dich seit Tagen darauf gefreut und auf diese Nacht vorbereitet und warst einmal ganz nervös gewesen, weil du meintest, deine Wünsche könnten nicht ausreichen für das Spektakel, das uns der Himmel in dieser Nacht bescheren würde.
Vielleicht hast du wirklich daran geglaubt, und auch ich dachte, schaden kann es ja nicht, denn auf dem Schreibtisch lag der Text, mit dem ich seit Wochen nicht vorankam, während über mir die Mauersegler so unbekümmert ihre Bahnen zogen. Ich erklärte dir die Finsternis eines weißen Blattes, klagte über meine Zweifel und das drohende Scheitern, ein Wunsch war also klar, doch du hattest von vielen gesprochen, und als ich sagte, mir würde schon noch etwas einfallen, hast du deinen Finger auf meine Lippen gelegt. Und du?, fragte ich, denn ich hätte gern gewusst, was du dir wünschst, doch du sagtest, dass man darüber nicht sprechen dürfe, und tatsächlich sprachen wir wenig in dieser Nacht, in der die Kirchenglocken längst aufgehört hatten, die Stunden zu zählen, und so blieb es beim gelegentlichen leisen Glucksen beim Nachfüllen

der Gläser, nur einmal brach das Heulen eines Martinshorns in die Stille, als wolle es akustisch vorwegnehmen, was uns erwarten würde, wenn erst einer der Meteore seine leuchtende Spur in die Dunkelheit ritzte und dann wieder und wieder... In diesem Moment dachte ich an den Krieg.

Und dennoch warteten wir, warteten auf das Spektakel, das den Himmel zum Leuchten bringen würde und von dem du natürlich wusstest, wie die Astronomen es erklären. Du hattest vom Rekombinationsleuchten der ionisierten Luft gesprochen, von der Zenithal Hourly Rate und vom Kometen 109P/Swift-Tuttle, was in meinen Ohren jetzt wie der Name einer Waffe klang. Der Volksmund, dachte ich, nennt es Laurentiustränen und erinnert damit an die Qualen, die ein Märtyrer der Legende nach auf dem glühenden Eisenrost seiner Folterer durchlitt. Und doch sollten ausgerechnet durch sie nun Wünsche in Erfüllung gehen. Noch war am Himmel nur das Blinken eines Flugzeuges zu erkennen, das gemächlich dahinglitt, lautlos, als wollte es uns nicht stören, vielleicht folgte es den Mauerseglern nach Süden. Du zeigtest mir, dass alles seine Ordnung hat und seinen Platz, Adler, Schwan, Leier. Und Sternschnuppen? Du bemerktest irgendwann meinen fragenden Blick. Wissenschaftler, sagtest du leise, sind auch nur Menschen, sie können sich irren, und es klang fast erleichtert. Wie still und friedlich es ist, dachte ich und wagte nichts zu sagen, als könnte jedes Wort diese feierliche Stille entweihen. Es war einfach schön, neben dir unter diesem Himmel zu sitzen und zu warten. Und wir warteten lange. Und selbst als wir das Warten längst aufgegeben hatten, blieben wir auf unserem Platz, hellwach und träumend.

Das Spektakel war ausgeblieben in jener Nacht, die Sterne hatten fix gestanden. Du warst schon im Bett, als ich am Morgen deinen Stuhl beiseite und den Schreibtisch wieder unters Fenster schob. Ich kochte einen starken Kaffee und wusste plötzlich, dass ich nun bis zum Mittag schreiben würde.

Christina Maria Landerl

Weiße Nächte

If that's all there is my friends
Then let's keep dancing
Let's break out the booze and have a ball
If that's all there is*

Es ist heller Tag, weißes Licht, ich will mich an Schnee erinnern, aber ich glaube, es liegt keiner. Ich bin traurig, weil dieser neue Tag keiner ist; kein Schlaf trennt ihn vom gestrigen, nichts trennt das neue vom alten Jahr. Eine Verschwendung ist dieser leuchtende Tag, das Glitzern im Kanal, ich bin müde, ich muss nach Hause, endlich schlafen. X geht vor mir über die Brücke, sieht mich nicht an, fragt nur: What happened? Gute Frage, denke ich und gehe still hinter ihm her.

* *

Es klingelt an der Tür. A und ich empfangen Besuch heute Abend.
A hat gekocht, ich begrüße die Gäste und verteile die Drinks, ohne die übliche Begeisterung, ich bin

müde. Ich will, dass alle wieder nach Hause gehen. Ich habe schon die letzte Nacht wach verbracht, trinkend und Musik hörend mit X, aber X ist heute Abend nicht da.
Wir essen, wir trinken, wir unterhalten uns; ich langweile mich und werde das Lied von gestern nicht los. B schießt Fotos von uns mit der Polaroidkamera.
Is that all there is?

Wir spielen: Wer bin ich? Wir kleben Zettel auf unsere Stirnen, stellen uns Fragen. Bin ich noch am Leben? Ja. Bin ich eine Frau? Ja! Bin ich eine Schriftstellerin? Gut, dass uns niemand beobachtet, ich würde mich schämen.

Vor den Fenstern meines Eckzimmers explodiert das Feuerwerk, wir öffnen die Fenster, es riecht nach dem Ende der Welt, und bald ist auch nichts mehr zu sehen von dem Leuchten und Blitzen, bald schon ist alles nur Rauch. Wir schließen die Fenster wieder.
Is that all there is to a fire?

Wünschen wir uns ein gutes neues Jahr? Bestimmt
Tanzen wir Walzer? Ich weiß es nicht mehr
Hat jemand gute Vorsätze? Ich nicht

Ich würde jetzt gerne ins Bett gehen, ich bin müde, todmüde und traurig. Wir machen uns fertig und ziehen unsere Jacken an, verlassen das Haus.

Ich sehe C und D aus einem Taxi fallen, das vor dem Club hält. Sie lachen, strahlen und laufen auf uns zu, die Begeisterung kommt zurück, wir umarmen uns, gehen hinein und stoßen an.

Ich sende eine Nachricht an X. Happy new year, whatever! I hope you are well. I kiss you. So oder ähnlich.

Als wir in den Keller des Lokals kommen, steht C plötzlich auf der Bühne, um uns herum ist es voll, Menschen, junge Menschen, einige benehmen sich seltsam, wollen mich anfassen, kommen nicht zurecht mit den Drogen, die sie genommen haben. Gin Tonic und Drums, Gin Tonic und Beats, Gin Tonic und wir tanzen, ausgelassen, ohne Rücksicht, singen mit, alle sind verzaubert, verschwitzt, in verschiedenen Rauschzuständen.

Danach werden Drogen genommen, das mache ich sonst nicht, es wird sich selbstbewusst vorgedrängt in der Schlange vorm Klo, heute ist alles egal.

Unterhalten wir uns danach? Vermutlich
Trinken wir mehr Gin Tonic? Bestimmt
Nehmen wir noch mehr Drogen? Ich weiß es nicht mehr

A und B winken mir lächelnd zu, sie fahren mit dem Taxi zu uns nach Hause; ob ich nicht mitkommen will? Ich möchte nicht. Ich warte noch, ich weiß nicht, worauf.
Is that all there is to the circus?

C und D verabschieden sich, ich erinnere mich an ihr Lachen, glücklich sehen sie aus, sie wünschen noch eine gute, eine lustige Nacht.

Ich sitze an einem runden Tisch mit einer Bekannten, deren Namen ich heute vergessen habe, damals aber noch weiß. Wir unterhalten uns lange, ich erinnere mich an nichts davon. Nur daran, dass ich traurig bin. Vor mir steht mit Sicherheit ein Bier, graues Tageslicht kommt durch die Fenster im Erdgeschoss des Clubs, die Fenster sind mit Sicherheit schmutzig. Eine Nachricht kommt auf meinem Telefon an: Mein Neffe ist geboren worden. Ich schreibe in den Familienchat etwas wie: Herzlich willkommen auf dieser Welt!

Wir gehen noch einmal in den Keller, wo jetzt DJs auf der Bühne stehen.

Ich stehe draußen vor dem Club. Die Frau, deren Name mir jetzt tatsächlich nicht mehr einfällt, steigt in ein Taxi, sie findet, ich sollte dringend mitfahren, ich sollte jetzt wirklich nach Hause fahren, aber warum?

Wie spät ist es? Keine Ahnung
Wo bin ich? Ich weiß es nicht

Ich weiß nur, dass diese Nacht lange schon Tag ist.
Ich gehe auf einer Straße, ich denke, ich gehe mitten auf der Straße zwischen anderen Frauen, die ich irgendwann in dieser Nacht kennengelernt haben muss. Was ist passiert? Sie sagen, dass ich den Club verlassen musste, nach einer körperlichen Auseinandersetzung mit dem DJ, aber ich habe doch gar nichts gemacht, oder? Ich bin verwirrt und ich glaube, kurz auch verzweifelt. Die Frau neben mir sagt: Don't worry, beautiful – it's just the drugs.

Ich stehe in einem anderen Club, die Frau, von der ich denke, dass sie aus Litauen kommt, warum auch immer, steht neben mir.
Vorne stehen vielleicht wieder DJs, vielleicht nicht, ich weiß es nicht mehr.
Es ist hell in dem Raum, hell und freundlich, die Sonne scheint durch die Fenster, alles ist schön, ich glaube, die Frau aus Litauen gibt mir ein kleines Glas mit scharfem oder süßem Inhalt.
If that's all there is my friends
Then let's keep

Jetzt ist alles vorbei, offenbar, vielleicht bin ich einfach gegangen; ich stehe allein auf der Straße. Ich fühle mich glücklich. Die Sonne scheint strahlend, alles ist freundlich und ruhig. Ich mache mich zu Fuß auf den Weg nach Hause, so weit kann es nicht sein.

Wie spät ist es? Es ist Nachmittag
Wo bin ich? Die Gegend kommt mir bekannt vor, aber ich finde den Weg nicht
Was mache ich jetzt? Ich rufe X an: I'm lost. Can you come and get me?
Ich weiß nicht warum. Vielleicht will ich gerettet werden.

Ich soll an dieser Straßenecke stehen bleiben und warten auf X, aber jetzt ist der Akku meines Telefons ausgegangen, und ich denke oder ich weiß nicht, vielleicht ist es besser, das Handy aufzuladen?

Ich bin wohl weitergegangen.
Ich erkenne plötzlich die Gegend wieder.
Ich erkenne die Tankstelle, die es nicht mehr gibt.
Ich glaube, ich frage dort vergeblich nach einem Ladekabel und kaufe Kaugummi mit meiner Bankkarte.

Im Café gegenüber frage ich auch, ob sie ein passendes Kabel haben. Ich glaube, ich weine jetzt. Ich kann mein Handy anschließen, ich kann X anrufen, der mich schon lange sucht und genervt ist: Stay where you are.

Wo ist meine Brieftasche? Ich finde sie nicht

Gut, dass mich niemand kennt von den Menschen, die hier sitzen und mich anschauen, wie ich hier so verloren sitze und womöglich auch weine. Ich schäme mich bestimmt, während ich darauf warte, dass irgendjemand, mit dem ich eine Weile getrunken und geschlafen habe, kommt, um mich abzuholen und nach Hause zu bringen.
Is that all there is to love?

**

Tage später, als ich endlich wieder aus dem Bett aufstehe, liegen Bs Fotos noch immer auf dem Küchentisch. Auf den kleinen Bildern sehe ich aus wie ein Geist: Mein weißes Gesicht, eingerahmt von schwarzen Haaren und einem schwarzen Rollkragen, scheint in der Dunkelheit zu schweben.
Ich mache Kaffee und streiche mir die Haare glatt.
Ein neues Jahr hat begonnen.

Ich werde keine Nachrichten mehr an X schicken
(und er nicht an mich)
Ich werde das Trinken sein lassen
Ich werde einen neuen Roman schreiben

Die Nächte werden still sein und früh beginnen.

* Peggy Lee: *Is that all there is?*

Michael Stavarič

Nachtgedanken

Ich konnte nicht einschlafen, seltsame Geräusche drangen durch die Dunkelheit, überall im Zimmer schien es zu rascheln, auch in meiner unmittelbarsten Nähe. Ich hörte die alten Heizungsrohre ächzen, die Schränke knarrten, ich meinte sogar Schritte zu vernehmen, vielleicht ja die üblichen Gespenster, die zu einer Kindheit dazugehören. Ich zog mir rasch die Decke über den Kopf, um mich zu verstecken, doch wird die Luft darunter bekanntlich schnell knapp, daran ist nicht zu rütteln, man hält es nie lange durch.

Ich war hellwach, dachte an die Dinge, die gestern passiert waren, als ich mein Jausenbrot spontan mit einem der Hunde geteilt hatte, die vor der Schule herumlungerten, die Klassenlehrerin hatte dafür ein breites Lächeln über gehabt. Ich dachte daran, wie wir vor einigen Wochen Eidechsen gefangen hatten – manche hatten dabei ihre Schwänze eingebüßt, diese zuckten und wanden sich hilflos vor meinen Füßen. Ich versuchte mich weiter zurückzuerinnern. Etwa zwei Jahre zuvor war ich zum ersten Mal am Meer gewesen. Ich sah dort Tintenfische, Seesterne und allerlei bunte Boote. Aber woran konnte ich mich eigentlich noch erinnern? Gab es etwas wie eine erste Erinnerung?

Eines schien klar, die meisten Erinnerungen hingen mit der Wohnung meiner Eltern zusammen: Ich erinnerte mich an diverse Farben an den Wänden, die längst übermalt worden waren, und daran, als die Wohnung deutlich heller geworden ist, weil die Eltern ein weiteres Fenster hatten einbauen lassen, ich erinnerte mich an Schränke, die es bald nicht mehr gab, der Mutter waren sie zu „unansehnlich" geworden. Ich erinnerte mich an unser erstes Haustier – einen Hamster, an die kalten Badezimmerfliesen, die später mit flauschigen Teppichen überdeckt wurden. Ich erinnerte mich sogar an die Zeit, als ich noch auf allen Vieren durch die Wohnung krabbelte, um mit meinen Plastiktieren zu spielen. Und dass ich einen Malerpinsel (mit einer Chemikalie daran) in meinen Mund steckte und es höllisch brannte. Vielleicht war das die erste schmerzhafte Erfahrung meines Lebens?

Ich erinnerte mich an das Grammophon meines Vaters (das später verkauft worden ist), das Knistern der kreisenden Platten, wobei ich die Schrift auf den Plattenhüllen nicht lesen konnte. Ich erinnerte mich an das Auto des Vaters (das später verkauft worden ist), wie sein Motor brummte und klopfte, und dass der nun freilich längst tote Hamster gerne aus seinem Käfig floh, um die Vorhänge anzuknabbern. Ich kann mich gut erinnern, wie wir das Tier einzufangen versuchten, es aber zwischen unseren Beinen immer wieder aufs Neue entwischte.

Ich war ein nachdenkliches Kind, sogar die Mutter forderte mich wiederholt auf, das Grübeln sein zu lassen und am Abend nicht mehr so viel zu lesen, weil es mich vom Schlafen abhielte und dass ich später eine Brille brauchen würde, da könne ich noch so viele Karotten essen, die als Allheilmittel gegen Kurzsichtigkeit gelten. Ich weiß noch, wie wichtig es für mich war, sobald ich lesen konnte, mit einem Buch im Bett zu liegen und mich auf Abenteuer zu begeben. Die Nächte ließen in meiner Fantasie alles lebendig werden.

Was aber ist meine allerfrüheste Erinnerung? Ist es eine Farbe, ein Geruch, ein Geräusch, etwas, das zum Tag oder doch zur Nacht gehörte? Ich dachte angestrengt nach, bis ich folgendes Bild sah: Ich lag im Bett, bei mir Spielzeuge und Rasseln (ich muss also wirklich deutlich jünger gewesen sein), ich konnte nicht einschlafen, starrte an die Decke und immer wieder (dann, wenn draußen ein Auto einen bestimmten Weg nahm) huschte ein Licht über die Zimmerdecke, Lichtstreifen erhellten kurz den Plafond (dieses Wort hat mir Mutter beigebracht) und zogen wie Wellen von einer Seite zur anderen, viel wichtiger jedoch, sie erstrahlten in der Dunkelheit.

Meine früheste Erinnerung war an das Sehen und an die Nacht geknüpft, einer vermutlich nicht allzu wichtigen Nacht, weder für die Eltern noch für die Welt, doch stellt sie für mich einen Beginn dar, eine erste Erinnerung an mich selbst.

Wenn ich heute bei Freunden übernachte, schaue ich immer noch darauf, ob solche Lichtstreifen auftauchen, doch weiß ich mittlerweile, vieles muss zusammenkommen: das Straßengefälle, die Winkel, die Raumhöhen und so weiter, es ist insgesamt recht kompliziert. Manchmal ist es dann aber noch schöner als zu Hause, beim Michael zum Beispiel, meinem besten Freund, da kann ich die Lichtstreifen gut beobachten, wie sie über die Zimmerdecke gleiten. Manchmal hält das Licht auch an, dann wieder huscht es wie ein scheues Tier vorbei. Manchmal erinnert es mich an den Minutenzeiger einer Uhr, der gemächlich über den

Plafond wandert, ein Minutenzeiger aus reinstem Licht wohlgemerkt. (Für mich ist dieser Anblick nach wie vor magisch.)

Mag sein, es liegt an meiner ausgeprägten Fantasie, denn nächtens scheinen auch unbelebte Gegenstände zu mir zu sprechen, als würden sie alles loswerden wollen, was ihnen tagsüber sauer aufstieß; ich höre die knarrende Sprache der Möbel, jene der Spielzeuge, der üblichen Gebrauchsgegenstände (Kochlöffel, Töpfe und so), der Bücher, der Schallplatten, der Gastherme, ja, ihre Art zu sprechen beeindruckt mich wohl am meisten. Sie zischt und hat einen komischen S-Fehler.

Manchmal glaube ich, behaupten zu dürfen, dass meine erste Sprache das Licht war, das sich erst in der Nacht entfalten kann. Ich bin mir darüber im Klaren, dass ich die ersten Worte in der Nacht vor mich hinmurmelte, ohne jedoch zu wissen, was für Zauberworte das eigentlich waren.

Das tschechische Wort für Licht (světlo) wäre bestimmt ein wunderbares erstes Wort gewesen, denn im Tschechischen (der Sprache meiner Mutter) hängen „světlo" und „svět" (die Welt) klanglich zusammen. Das Wort „Luchs" mag ich aber auch sehr, Luchse sind wahre Lichtgestalten und sehen selbst in den finstersten Nächten alles wie am Tag.

Sobald mir die tschechische (und später die deutsche) Sprache geläufig waren, unterhielt ich mich gerne mit mir selbst. Daran erinnere ich mich besonders gut, weil dieser Umstand bis heute anhält und sich eine solche Neigung in der Nacht vortrefflich ausleben lässt, weil einen tagsüber Erwachsene (und andere Kinder) vielleicht für verrückt erklären würden. Am Ende dichten sie einem noch imaginäre Freunde an, die üblichen Riesenhasen und sonstige Bewohner unsichtbarer Wunderländer.
Sie lassen allerdings außer Acht, dass man sich in eine Sprache (wie in Menschen) verlieben kann, dass man sie ständig und überall hören möchte, sie einen fortan begleitet, umgarnt und formt, wie es sonst nur das Wasser bei Steinen kann, sie abrundet, ihnen die Kanten nimmt, um sie für alle verträglicher zu machen. Wir klauben oft Steine aus dem Bach, die runden, die besonders gut in der Hand liegen, man will sie gar nicht mehr loslassen. „Handschmeichler", ich glaube, so kam dieses Wort zu mir.

Einmal hatten wir in der Schule einen Text gelesen, der die Sprache mit Holzkohle verglich, dass nämlich Worte nur dann brennen und einen entflammen, wenn sie zuvor schon gebrannt haben, dass sie erst dann eine Glut in sich tragen, die neu entfacht werden kann, um das Licht darin zu offenbaren. Ich weiß noch, wir hatten das zunächst nicht wirklich verstanden, doch mit etwas zeitlichem Abstand ging es. Grübeln hat seine Vorteile, habe ich meiner Mutter unter die Nase gerieben, sie musste lachen.

Und was es doch erst für ein Tag war, als wir in der Schule zum ersten Mal Schreibmaschinen sahen (und hörten), ich weiß noch genau, dass ich dieses Geräusch nicht einordnen konnte, und was es hieß, diese seltsamen Apparaturen zu berühren, meine Finger ungelenk über ihre Tasten zu führen, die ich sogleich antippte und mich darüber wunderte, wie schwer das ging. Michael behauptete, man würde seine Fingermuskeln trainieren müssen, um eine gute Note zu bekommen.

Ich würde gern alles im Universum begreifen und aufnotieren, denn wenn ich zu den Sternen schaue, habe ich zwangsläufig das Gefühl, dass mir eine Geschichte erzählt wird, ich höre förmlich die Tippgeräusche der gewaltigen, kosmischen Schreibmaschine über mir. Ich weiß noch, wie fasziniert ich war, als mir bewusst wurde, dass jene Sterne, die ich am Nachthimmel bewunderte, möglicherweise nicht mehr existierten, dass aber ihr Licht noch durch den Kosmos eilt, Jahrmillionen lang, um jetzt auf meine Netzhaut zu treffen.

Wenn ich nicht schlafen kann, denke ich oft an Sterne, die nicht mehr sind, an Menschen, die einmal waren (wie meine Großmutter), an künftige Zeiten, die irgendwann sein werden, wenn ich längst tot bin und vielleicht wieder Dinosaurier die Erde bewohnen. Vielleicht erfinden sie auch riesige Schreibmaschinen, um ihre Abenteuer für die Nachwelt festzuhalten. Vielleicht erfinden sie riesige Automobile, um von A nach B zu fahren, mit gewaltigen Autoscheinwerfern, die ihre Fantasie befeuern, wenn sie über riesenhafte Gebirge huschen. Lichtstreifen, die mich auch immer ans Licht von Leuchttürmen erinnern, sie waren die lebendigen Wesen der nächtlichen Tiefsee, die bis heute in meinem Jugendzimmer existiert, sich jederzeit und überall in einem jeden Haus auftun kann.

Meine Mutter hat mir einmal gesagt, Gedanken in Worte gießen, ist beinahe so, als würde man einen Blitz festhalten, der für den Bruchteil einer

Sekunde zwar gleißend hell aufstrahlt, doch erfassen kann man ihn nicht, man kann das Universum (und unser Leben) niemals ganz erfassen, damit müsse ich leben.

Ich für meinen Teil nahm mir jedenfalls vor, alles möglichst genau aufzuschreiben und abzutippen, vielleicht interessieren meine Gedanken die auferstandenen Dinosaurier, wenn die Menschheit längst Geschichte ist.

Flora S. Mahler

Zweihundertdreiundsiebzig Sekunden

Nach Mamas Tod ist der Esstisch im elterlichen Wohnzimmer zur Ablage geworden. Familientreffen finden seither bei mir oder den Brüdern statt. Ich sitze neben meiner siebenjährigen Nichte, ihr Freundschaftsalbum in der Hand. Sobald ich ihr drei Dinge nenne, die ich auf eine einsame Insel mitnehmen würde, darf ich darin lesen. In ungeübter, hüpfender Schrift stehen in der Zeile *Was ich nicht mag* die Worte *Corona* und *Krieg*. Von so viel Ernsthaftigkeit überrascht, erscheint es mir kindisch, *ein paar Piraten, Linzer Kaninchen und ein Klavier* geantwortet zu haben. *Das sind aber mehr als drei! Und wozu brauchst du ein Klavier?*

—

Dass ich gern in einem Reihenhaus aufgewachsen bin, jedenfalls lieber als in einem freistehenden, liegt an den geteilten, hellhörigen Wänden, durch die abends, nachdem Mama die schweren Vorhänge im Erdgeschoß zugezogen hatte, noch der Lärm der Nachbarsfamilien drang und unser Tun und Lassen, denn auch das Lassen macht Lärm, teils wie ein Echo, teils kontrapunktisch überlagerte.

Die Mutter von links hatte die Angewohnheit, sich, auch wenn sie nicht redete, regelmäßig wie ein Metronom zu räuspern, den Vater von rechts kennzeichnete ein raues kehliges Lachen, die Kinder beider stritten seltener als wir, schauten dafür aber lauter und länger fern. Wir wetteiferten mit Bade-, Dusch- und Spülgeräuschen. Winters etwas kürzer. Bis allerspätestens halb zehn. Danach, als hätte jemand den Tag abgepfiffen, versank die Welt jenseits wie diesseits der Wände diszipliniert in Stille. So sehr, so tief, dass ich, als ich mich eines Nachts in die Küche hinunterschleiche, um ein Glas Wasser zu trinken, hören kann, wie Hoppel, unser weißes Zwergkaninchen, vor Aufregung einen Haken schlägt, seine Hinterläufe mitten im Sprung das Geländer am Stufenabsatz streifen.

—

Ich ziehe im Winter nach Wien und stehe in den ersten Nächten um halb zehn am offenen Fenster, aus Freude über den satten Sound der Straße, auf die mein WG-Zimmer zeigt, den nie versiegenden städtischen Lärm. Denke an John Cage. *Noise. When we ignore it, it disturbs us. When we listen to it, we find it fascinating.* Und erinnere mich an Pausen, die die abendliche Stille zuhause kannte.

Kürzere und längere. Den einen Geburtstag etwa, an dem die beiden jüngeren Brüder und ich, es war bereits dunkel, in der Nähe der Garagen drei Piraten durchs Kanalgitter ins hochstehende Wasser warfen. Der Lärm. Ohrenbetäubend. Und die Fontäne! Der Mann der räuspernden Nachbarin kam gelaufen, vom rechten Balkon her folgte ein kehlig rauer Schrei.

Die längste Pause des Jahres. Weihnachten. Eine Woche im Crescendo. Fortissimo. Das Fest. Heute wünschte ich, ich hätte auf der einzigen Aufnahme, die es davon gibt, nicht *O Tannenbaum*, sondern John Cages *4'33"* am Klavier gespielt. Dieses Stück, in dem keine einzige Taste angeschlagen wird, das statt Tönen die Geräusche, die Instrument und *instrumentalist* umgeben, brillieren lässt. Dann könnte ich heute drei Sätze lang dem Knistern von Mamas Bluse lauschen, die sie nur zu besonderen Anlässen trug, dem Rascheln des glänzenden, bunten Rocks, den ich ihr in die Umkleidekabine gebracht habe, wie der eine Bruder vor Anspannung hüstelt, bevor er ein Geschenk ablegt, dem Quietschen des Leders, nein, das Sofa war damals noch aus Stoff, auf dem der andere ungeduldig hin und her rutscht, dem Hausschuhschritt zurück, den Papa macht, nachdem der letzte Sternspritzer verglüht und der Löschwassereimer in der Ecke

Dekorationsobjekt geworden ist, wie eine von mir gefaltete Serviette drüben auf dem Esstisch am Teller in sich zusammenfällt, dem ersten Gähnen, lang gezogen vor Glück.

Ich brauche auf einer einsamen Insel ein Klavier, um genauer zu hören, erkläre ich der Nichte, die ihre Großmutter nicht mehr kennengelernt hat. Sie findet meine Antwort gar nicht komisch.

—

Papa holt mich mit dem Auto vom Bahnhof ab. *Wie geht es Mama? Nicht so gut. Hat sie Schmerzen? Heute weniger.* Was er denkt und nicht ausspricht. Was ich nicht denken will. Und Mama muss. Wie feiern wir ein letztes Mal? Wir feiern nicht. Wir wehren uns gegen die Stille.
Beim Keksbacken geht es am leichtesten. Mama, der Süßes nicht mehr schmeckt, besteht dennoch darauf. Papa hilft beim Kneten. Wir Kinder übernehmen das Ausrollen. Danach sitzen wir drei, jetzt Ende zwanzig, Anfang dreißig, in der Küche und sortieren Formen. Da ist ein kleiner Hase. Wir stechen ihn sechsfach aus, in jedes zweite Teigstück stanzen wir mittig ein Loch. Kichern, während wir die unversehrte Hälfte mit Erdbeermarmelade

bestreichen, und können vor Lachen kaum an uns halten, als die andere draufklebt, weiß bezuckert. *Hoppels Auge*, *Hoppel mit Durchschuss*. Mama nennt die Kreation *Linzer Kaninchen*.
Am Vierundzwanzigsten fällt es am schwersten. Laut zu sein. Die sorgfältig beschrifteten Kartonschachteln aus der Garage, in denen – in Taschentücher gewickelt, die nach Wachs und Nadelholz riechen – über Jahrzehnte gesammelter Schmuck die fünfzig Wochen bis zum nächsten Fest überdauert, stehen noch unausgepackt auf dem Esstisch, als ich ankomme. Die filigrane, silbrig-glitzernde Spitze, die Mama für ihren ersten eigenen Baum gekauft hat, sie wird mir, weil ich sie zu vorsichtig anfasse, Jahre später aus der Hand fallen und zerbrechen, Kugeln, die meine Brüder und ich bemalt haben, Glöckchen, die eine Freundin von einer Reise mitgebracht, Vintage-Lampions aus Glas, die Mama auf einem Flohmarkt entdeckt hat. Sie schiebt die inneren, floral gemusterten Stores zur Seite, starrt auf den aperen Rasen im Garten und schüttelt den Kopf. Ich lehne mich gegen die Tischkante, flüstere ihr zu, *wir werden noch oft alle hier zusammensitzen*, und bitte sie, mir wie früher zu erzählen von Weihnachten in den schneebedeckten Bergen bei Oma mit den sechs Geschwisterzwergen, doch sie

schweigt. Ich möchte sie fragen, war es schöner als hier? Schließlich schicke ich sie und Papa gegen die Traurigkeit spazieren. Die Brüder sind noch nicht da, kein Laut, als ich den Baum aufputze.

Unter den Interpretationen von John Cages epochalem Musikstück sticht eine These heraus: Vier Minuten dreiunddreißig macht insgesamt zweihundertdreiundsiebzig Sekunden. Die Zahl 273 bezeichnet in der Physik, ein Minus vorangestellt, den absoluten Nullpunkt, an dem jede Bewegung aufhört, alles zum Stillstand kommt.

—

Die WG hat sich aufgelöst, noch bevor das Gebäude schall- und wärmegedämmt wurde. Ich bin seither zwölf Mal umgezogen. Eine Adresse lauter als die andere. Am polyphonsten von Lärm umspült – aus Lokalen, Shops, einer Schule, von U-Bahn-Bauarbeiten, Flaschenklirren und Stimmenrauschen, Motorenbrummen und Mülltonnenklappern – ist die Wohnung, in der ich jetzt mit D lebe, deren Vormieterin wie die Siedlungs-Straße hieß und deren Türnummer dieselbe ist wie unsere Reihenhausnummer.

D hätte siebenjährig auf die Freundschaftsalbum-Frage, was er nicht mag, im Unterschied zu mir – *Reisfleisch, Warten* – auch *Krieg* geantwortet, dafür aber, sammelwütig wie ich, bestimmt ebenfalls mehr als drei Dinge aufgezählt, die er auf eine einsame Insel mitnehmen würde. Als seine Eltern mit ihm und dem kleinen Bruder emigrierten, war im Koffer weder für Matchboxautos, Zeichnungen noch Malsachen Platz. Die wertvollsten Dinge, die er in der Anfangszeit in Wien besaß, waren ein Walkman und *Arena* von Duran Duran. Wir haben die Kassette während der Lockdowns oft gehört, und doch blieb es draußen wie drinnen – nur vereinzelt drang ein Handy-Signalton durch die Wand – gespenstisch still, und ich nahm mir vor, mein Klavier, das ungespielt im elterlichen Wohnzimmer steht, endlich abzuholen. Es ist ein Erbstück der Großmutter, der *ich* nie begegnet bin. Sie starb wie Mama an Krebs. Ihr jüdischer Vater hat sich nach der Machtergreifung der Nazis umgebracht. Papa kennt ihn, wie ich sie, wie die Nichte *ihre* Großmutter, nur von Fotos.

—

Vom Schreibtisch aus schaue ich, wenn ich den Kopf leicht nach links neige, in ein bis zur Decke mit Büchern gefülltes, vorhangloses Zimmer im Haus gegenüber. Die ältere Frau, die darin täglich bis weit nach Mitternacht am Computer sitzt, arbeitet, Gäste empfängt oder liest, winkte mir zu, als ich, frisch eingezogen, bei offenem Fenster Regale aufbaute, und schenkte mir, nachdem wir uns im nahen Supermarkt getroffen und kurz geplaudert hatten, einen Roman von Joseph Roth. Der Blick über die Straße auf ihr verschwommenes Profil – ich könnte die Brille aufsetzen und das Bild scharfstellen, aber ich will nicht – hat seither etwas Tröstliches. Und betrübt mich zugleich. Wie lange ist es her, dass ich Mama gefragt habe, warum ihr Joseph Roths Literatur besonders nahegeht. Es gibt so vieles, das ich nicht über sie weiß.

tönt es laut

Rafik Schami

Der Leib Christi am Weihnachtstag

Nicola und ich waren seit unserer frühen Kindheit befreundet. Seine Mutter war eine gute Freundin meiner Mutter, und seine Familie wohnte zwei Häuser weiter auf unserer Gasse im christlichen Viertel von Damaskus.

Nicolas Vater arbeitete beim Zoll. Nicht selten schenkte er meinem Vater Whisky und ausländische Zigaretten, die er und seine Kollegen an der Grenze beschlagnahmt hatten. Mein Vater, ein bekannter Bäcker, revanchierte sich mit Leckereien aus seiner Bäckerei.

Amina, Nicolas Mutter, war genau wie meine Mutter gläubig, aber im Gegensatz zu ihr eher abergläubisch als fromm. Sie trug Amulette gegen Krebs und Cholera unter ihrem Kleid. In einem kleinen Fach ihrer Handtasche schickte ein blauer Stein seine Pfeile gegen Neidaugen.

Jeden Sonntag gingen unsere Mütter zum frühmorgendlichen Gottesdienst, wobei sie zwischen der orthodoxen Kirche der heiligen Maria an der historischen „Geraden Straße" und der katholischen Kathedrale in der Saitungasse abwechselten. Beide Gottesdienste ähnelten sich sehr. Nicolas Familie war griechisch-orthodox, wir katholisch. Die Konfessionen sind seit dem Jahr 1054 verfeindet, nicht aber unsere Mütter.

Nicola und ich besuchten die katholische Eliteschule „Patriarchal College", die in der unmittelbaren Nachbarschaft der Kathedrale lag. Nicolas Eltern entschieden sich für diese Schule, weil sie die beste im christlichen Viertel war.
Wir mussten jeden Sonntag um neun den Gottesdienst besuchen. Die Religionslehrer kontrollierten die Schüler, und wer nicht kam, wurde am Montag bestraft. In der Regel musste man zehn Mal das Bußgebet abschreiben, bei einer Wiederholung zwanzig Mal, und beim dritten Versäumnis wurden die Eltern schriftlich gemahnt, ihren Sohn christlich zu erziehen.
Also gingen wir brav jeden Sonntag hin. Wir mussten bereits um acht gestriegelt, gebügelt und mit sauberen Händen vor der Kathedrale stehen, weil wir erst nach einer Sauberkeitskontrolle zum Beichten konnten. Fünf Pfarrer empfingen die Schüler in fünf Beichtstühlen im großen Raum hinter der Sakristei. Jeder von uns überlegte sich die ganze Zeit, was man dem Herrn hinter dem vergitterten Fensterchen erzählen sollte. Eines Tages habe ich Mutter in meiner Verzweiflung gesagt, ich würde mit drei Sünden in die Kirche gehen und mit vier herauskommen.

„Wie denn das?", fragte sie erstaunt.

„Weil ich immer lügen und eine zusätzliche Sünde erfinden muss, damit der Pfarrer aufhört ‚Was noch, mein Sohn?' zu fragen."

Meine Mutter lachte: „Das sind harmlose Notlügen, und Jesus verzeiht dir das in seiner unendlichen Güte und Liebe für Kinder."

Nicola hatte sich auf das Beichten von Apfel-Diebstählen spezialisiert, weil das als eine leichte Sünde galt. Soweit ich weiß, gab es in Damaskus aber keinen einzigen Apfelbaum. Ich hingegen klaute im Beichtstuhl Orangen, obwohl ich diese Frucht damals satthatte und nicht einmal die Orangen von unserem eigenen Baum anfasste, aber der Pfarrer war zufrieden.

An einem Weihnachtstag – wir waren beide vierzehn – taten wir unseren Müttern den Gefallen, sie zu diesem sehr feierlichen Gottesdienst zu begleiten, da wir Ferien hatten und nicht mit der Schule in die Kirche gehen mussten. Also marschierten wir um vier Uhr morgens zur Kirche der heiligen Maria.

Erst ein Jahrzehnt später erfuhr ich den Grund dieser für einen Gottesdienst ungewöhnlichen Beginnzeit. Man nennt ihn „mane in aurora", also „früh zur Morgenröte", wegen des Fests der Anbetung der Hirten damals in Bethlehem auch „Hirtenmesse" genannt.

Wie dem auch sei, jener Samstag, auf den der 24. Dezember 1960 fiel, war nass und eiskalt, und dementsprechend war Nicolas Laune, der noch dazu das Frühaufstehen hasste. Ich hingegen fand es abenteuerlich, mit der Aussicht auf eine warme Kirche und auf den Duft des Weihrauchs durch Dunkelheit und Kälte zu stapfen. Dazu kam ein Gefühl, das meiner Fantasie entsprang. Voller Freude stellte ich mir nämlich vor, dass ich zum ersten Mal bei der Geburt Jesu dabei sein würde. Und vor allem war ich sehr stolz drauf, dass meine Mutter aus ihren sechs Kindern mich gewählt hatte, sie zu begleiten. Ich kam mir vor wie der Lieblingsleibwächter einer Königin.

In der Tat übertraf die Kirche der heiligen Maria noch meine Erwartung. Sie war warm, duftete und war in tausend Farben gehüllt. Ich war vorher nie in dieser Kirche gewesen, sondern kannte nur die katholische, die aber nicht weniger majestätisch wirkte. Besonders mochte ich die herrlichen Gemälde. Mein Vater hatte mich lange vorher aufgeklärt, dass jedes Bild eine große Geschichte aus der Bibel oder dem Evangelium erzählen würde, und als ich zehn war, erklärte er mir, was drei große Kopien der Werke italienischer Meister abbildeten.

„Diese großartigen Gemälde sind wie Bilderbücher, die den Analphabeten die Religion nahebringen", sagte er damals. Nun wanderten meine Augen von Bild zu Bild, und ich versuchte, die Geschichten herauszufinden. Herrlich war das, mit Glockenmusik im Hintergrund. Ich fühlte eine seltene Art von Geborgenheit.

Murrend setzte sich Nicola neben mich auf die Kirchenbank, links von ihm seine, rechts von mir meine Mutter. Und wie auf Bestellung kam zehn Minuten später die Gelegenheit für Nicolas großen Auftritt.

Der Gottesdienst hatte noch nicht angefangen, da kam ein großer bärtiger Pfarrer auf uns zu. Ich hatte vorher schon beobachtet, wie er durch die Reihen ging und ab und zu eine Frau oder einen Mann ansprach, die dann zu einem der Beichtstühle eilten, welche entlang der Wände standen. Bald hörte ich seine tiefe Stimme in den Bänken vor uns: „Hast du gebeichtet?", fragte er. Bei einem „Nein", kam die Aufforderung: „Dann beeil dich, um dem Leib Christi würdig zu sein!". Bei einem „Ja" war seine Stimme milde. „Gott segne dich", sagte er dann und ging zum nächsten.

Ich beschloss zu lügen. Als der Pfarrer meine Mutter fragte, antwortete sie ehrlich: „Ja, Herr Pfarrer." Mich fragte er auch, und ich beeilte mich, ebenfalls zu bejahen.

„Gott segne dich, mein Junge", sagte er sehr leise. Ich erwartete, dass Nicola es mir gleichtat, um diesen Kelch an uns vorübergehen zu lassen. Doch ich hatte mich geirrt.

„Ich will nicht beichten", sagte Nicola deutlich.

„Du musst, mein Junge, damit du des Leibes Christi würdig wirst", antwortete der Pfarrer routiniert und mit strenger Stimme.

„Ich will aber nicht den Leib Christi essen", kam es von Nicola.

„Und warum nicht, mein kleiner Herr?", fragte der Pfarrer voll tiefer Ironie.

„Jesus wurde grade erst geboren, und ich esse keine Babys", antwortete Nicola so ruhig, als wäre es die einzig mögliche Antwort. Seine nun zarte Stimme klang fast liebevoll.

Der Pfarrer erstarrte. Das Kichern und Lachen der Menschen in den Bänken vor und hinter uns ließ sich nicht mehr bändigen. Man hörte Kommentare wie „Ich bin Vegetarier", „Der Junge hat recht", „Mein Gott, der Bengel hat mir den Appetit verdorben."

Der Pfarrer machte einen Schritt rückwärts, als wäre Nicola der Teufel persönlich, ging dann weiter und vergaß Nicolas Mutter zu fragen, die ebenfalls bemüht war, das Lachen zu unterdrücken. Als der nächste in der Bank hinter uns dem Pfarrer sagte: „Ich beichte nie, ich bin evangelisch", murmelte der Geistliche etwas Unverständliches, aber als dann alle weiteren Befragten evangelisch wurden, drehte er durch.

„Raus mit euch!", schrie er und wies mit zitternder Hand auf das große Kirchentor. Niemand beachtete ihn. Schließlich gab er resigniert auf und verschwand in der Sakristei.

Der Gottesdienst fand ohne ihn statt. Bis auf Nicola und mir nahmen alle an der Kommunion teil.

Der Versuch unseres Religionslehrers, eines freundlichen und liberalen Jesuiten, uns eine Woche später zu erklären, dass „den Leib Christi essen und sein Blut trinken" Metaphern dafür seien, die Lehre Christi aufzunehmen, scheiterte kläglich: „Wenn dem so ist, wozu dann das ganze Theater mit dem Beichtstuhl? Wenn der Himmel nur für gebeichtete Katholiken reserviert sein sollte, was macht Gott in diesem langweiligen Himmel, in den weder evangelische Christen noch Juden noch Muslime noch Buddhisten reingelassen werden?", rief Michel.

Gamil, der Sohn eines hohen Geheimdienstoffiziers, nannte drei Pfarrer, welche die Beichte abnahmen, selbst aber einen schlechten Ruf hatten. Mehrere Schüler ereiferten sich mit bissigen Bemerkungen über den uralten Pfarrer Johannes, der schlecht zuhörte und vergaß, was man ihm erzählte, dafür aber für alle Sünden einen einheitlichen ‚Preis' berechnete. Drei Mal „Bußgebet", zwei „Vaterunser", ein „Ave Maria".

Vierzig Jahre später, im Jahr 2000, besuchte ich am Weihnachtstag eine katholische Kirche in einer kleinen pfälzischen Stadt. Der polnische Pfarrer predigte über die Unmoral vorehelicher Liebe. Damit hat er wahrscheinlich kaum gestört, denn Dreiviertel der kleinen Zuhörerschaft waren über siebzig. Dann aber landete beim Thema Beichten vor der Kommunion. Er betonte, dass zwei Kollegen bereits in den Beichtstühlen auf uns warten würden und schloss seine langweilige Rede damit ab, dass er nicht bereit sei, Menschen ohne vorherige Beichte Leib und Blut Christi zu überreichen.

Einige wenige ältere Frauen und Männer suchten daraufhin die Beichtstühle auf. Die Mehrheit blieb unbeeindruckt sitzen. Als es zur Kommunion kam, standen die Menschen bis zum Kircheneingang Schlange.

„Haben Sie gebeichtet?", hörte man den Pfarrer jedes Gemeindemitglied akzentreich und laut fragen. Wer mit „Ja" antwortete, bekam den Leib Christi und durfte sein Blut trinken. Wer „Nein" sagte, bekam mit dem dicken Daumen des Pfarrers ein Kreuz auf die Stirn gezeichnet.

Beinahe hätte ich gerufen: „Jesus ist doch noch ein Baby!", aber ich zog es vor, die Kirche zu verlassen. Fünf Jahre später wurde sie geschlossen – wegen mangelnder Besucher.

Olga Grjasnowa

Chrismukkah

Die stillste Nacht im Jahr war für mich jahrzehntelang der Heilige Abend, umso mehr, als wir dieses Fest als Juden nicht gefeiert haben und ich, ehrlich gesagt, nicht so ganz wusste, was ich an diesem Abend mit mir anfangen sollte. In Aserbaidschan, wo ich aufgewachsen bin und das ein muslimisch geprägtes Land ist, wurde natürlich kein Weihnachten gefeiert. Zumindest nicht als ‚Staatsfeiertag‘, wie es in Deutschland mitunter zu sein scheint. Der Heilige Abend in Deutschland ist tatsächlich der ruhigste, stillste und auch der unheimlichste Abend von allen. Es ist ein Abend, an dem die Straßen leer sind, selbst die in Berlin, denn viele der zugezogenen Einwohner*innen dieser Stadt fahren zurück in die Provinz. Bis auf die Spätis, kleine Kioske, in denen man fast rund um die Uhr beinahe alles kaufen kann, hat kein Geschäft oder Restaurant geöffnet.
Unsere Familie hat zwar die jüdischen und meinem Vater zuliebe auch einige christliche Feiertage begangen, aber ohne religiöses Motiv. Das Judentum glich in meiner Familie einer kulturellen Performance, allerdings durchaus einer, die wir ernst nahmen. Unsere Nachbar*innen zelebrierten die

islamischen oder die christlichen Feiertage, brachten uns immer Teller mit Köstlichkeiten, und mitunter kam ich in der frühen Kindheit bei all diesen Feiertagen durcheinander.

Das Austauschen von Feiertagsgerichten ist eine Tradition, die mir in Deutschland bisher wenig begegnet ist, die aber einen schönen kulturellen Import darstellen würde. Wobei uns unsere Nachbarn hier oft Essen vorbeibringen, nur mussten sie sich zeitweise in Geduld üben, bis sie ihre Teller wiederbekamen – weder mein Mann noch ich kochen viel. Mittlerweile bekommen wir ihre Gerichte auf Plastiktellern. Eine extrem nette Geste. Nach unserem Umzug nach Deutschland haben wir das Feiern aller Festtage, außer der Geburtstage, allmählich eingestellt.

Der hiesige Heilige Abend kann sehr einsam werden. Übrigens für viele Menschen, unabhängig von der Religionszugehörigkeit. Die Polizeigewerkschaft mahnt vor einer Zunahme der häuslichen Gewalt während der Feiertage. Jüdische Freunde in den USA gehen an diesem Abend in chinesische Restaurants, aber diese Tradition hat sich in Deutschland (noch) nicht durchgesetzt. Meistens verbrachte ich diesen Abend mit meinen Freunden, die ebenfalls nicht feierten, und mit der allgemeinen Erwartungshaltung an diesen Tag genauso überfordert waren wie ich. Hingegen funktioniert die muslimisch-jüdische Verständigung an Weihnachten am besten.

In Hessen, wo ich nach unserem Umzug in die damalige BRD lebte, trafen wir uns im Haus meiner Eltern und versuchten das Fest, so gut es ging, zu ignorieren. Was natürlich überhaupt nicht funktioniert hat. Auf dem Hinweg waren wir die einzigen auf der Straße; in der hessischen Kleinstadt, in der ich wohnte, wurden die Rollläden bereits am frühen Nachmittag heruntergelassen. In Frankfurt hingegen konnte man in hell erleuchtete Altbauten schauen, die aus irgendeinem Grund fast immer leer waren, und riesige Weihnachtsbäume sehen. Ich weiß natürlich, dass es unhöflich ist, in fremde Wohnzimmer zu starren. Schlussendlich saßen wir zuhause auf den Sofas unserer Eltern, die im Gegensatz zu uns keine Wehmut verspürten und ihre Kreuzworträtsel lösten wie immer. Das war die Zeit, in der es noch kein Netflix gab und im Fernsehen nur Schrott lief, alle Kneipen und die Geschäfte tagelang geschlossen und unsere Freunde nicht erreichbar waren, da für sie andere Weihnachten galten.

Besonders gut erinnere ich mich an einen Weihnachtsabend in Frankfurt, an dem Schnee fiel und wir beim Nachhausegehen die in ihren Häusern vor ihren Lichterbäumen feiernden Familien bestaunten – nicht ganz ohne Neid. Allerdings hörte ich kaum je von Freund*innen, dass ihr Fest „schön" gewesen sei; die meisten berichteten von Streit, Stress, Missverständnissen. Dabei musste meine Familie noch nicht einmal auf einen Weihnachtsbaum verzichten. In der Sowjetunion und nun im post-sowjetischen Raum wird das Neujahr begangen. Auch da gibt es einen üppig geschmückten Weihnachtsbaum, Geschenke, allerdings nur für die Kinder, einen Weihnachtsmann und seine Enkelin Snegurotchka – halt erst am 31. Dezember. Gefeiert wird ohne christlichen Bezug, was dieses Fest nicht nur in Israel, sondern auch in vielen muslimisch geprägten Ländern so beliebt macht. Selbst in den USA gibt es „Chrismukkah" – ein Mischung aus Channuka und Weihnachten.

In den Jahren nach meinem Auszug von zuhause spielte Weihnachten kaum noch eine Rolle. Über die Feiertage besuchte ich zwar meine Eltern, aber ich war völlig indifferent, was den Anlass anging. Wir machten am 23. einen großen Lebensmitteleinkauf, und das war es auch schon. Meine Freunde hatten keine Zeit mehr – entweder sie mussten zu den Familien ihre*r Partner*innen oder sie übernahmen die gut bezahlten Schichten.

Inzwischen hatte ich ein sehr schönes Weihnachtsfest auf Lesbos, an dem ich vollkommen alleine im Hotelzimmer alte Filme geschaut habe, ein Fest in New York mit chinesischem Essen, an dem ich erst später merkte, dass Weihnachten war, weil meine Freunde einen Tisch im chinesischen Restaurant reserviert hatten, ohne vorher zu fragen, wohin wir gehen sollten, und ein Weihnachten in Dubai, wo ich keine Weihnachtsbäume zu sehen erwartete und mich gewaltig getäuscht hatte. In meinem ganzen Leben sah ich noch nie so viele Weihnachtsbäume wie dort. Jedes Restaurant und jedes Geschäft hatte mindestens einen, die Weihnachtsbeleuchtung war ebenfalls allgegenwärtig, und selbst die muslimischen Bekannten, die in unserem Hotel wohnten, kauften sich eine Plastiktanne, um sie nach Saudi-Arabien mitzubringen und zu schmücken. In jenem Jahr habe ich meinen Frieden mit dem Weihnachtsfest geschlossen. Natürlich nicht ohne Vorbehalte. Wie viele Weihnachtsfeste in Büros, Schulen und Kindergärten gefeiert werden und wie selbstverständlich davon ausgegangen wird, dass alle mitfeiern, finde ich für ein laizistisches Land immer noch erstaunlich.

Erst als ich Mutter wurde, stellte sich die Frage nach Weihnachten wieder, nicht im ersten Jahr und auch nicht im zweiten, sondern dann, als mein

Kind selbstverständlich davon ausgegangen war, dass dieser Feiertag auch seiner sei. Dass Jesus, das Kreuz und der Heilige Abend auch Teil seiner Identität seien. Doch sind sie das nicht, das Christentum ist Teil der Kultur des Landes, in dem sie aufwachsen, aber nicht mehr. Deswegen zucke ich jedes Mal zusammen, wenn wieder eine Einladung zu einer Weihnachtsfeier oder die Frage nach den Ostergeschenken kommt.

Wir haben uns nun für einen Kompromiss entschieden. Wir feiern Channuka nach dem amerikanischen Modell, das heißt, es werden nicht nur acht Tage lang Kerzen angezündet, sondern acht Tage lang auch kleine Geschenke verteilt. An Silvester kommt der Baum und der Schmuck – eigentlich genau dann, wenn er bei allen anderen wieder verschwindet. Am schwierigsten war, den Kindern zu vermitteln, dass Channuka kein Ersatz für Weihnachten sei und also kein „minderwertiges" Fest ist – eine ziemliche Herausforderung. Bisher kann ich nicht behaupten, ich hätte dies geschafft. Aber ich habe meine Liebe zu dieser ruhigen Zeit entdeckt, zu den Ritualen und zur Familienzeit. Vielleicht liegt es daran, dass ich keinerlei Erwartungen an diese Tage habe. Die Geschenke wurden ja bereits vergeben, der Weihnachtsbaum muss nicht vor Silvester geschmückt sein, und wenn das

Essen anbrennt, können wir genauso gut Pizza bestellen. Zumindest in Berlin. Diese Tage müssen nicht perfekt sein, das Essen muss es nicht, wir müssen es nicht – und das können wir auch gar nicht. Ehrlich gesagt verspüre ich nach jeder Feier, jedem Geburtstag und jeder lang ersehnten Veranstaltung eine melancholische Erleichterung. Ich bin froh, dass es vorbei ist. Nur an Weihnachten bin ich vollkommen entspannt.

Franzobel

Die Reise in den Himmel

Schwarzblau ist der Himmel und flockt aus. Ernste Wolken stehen am Horizont, Donnergrollen, das in der Ferne schon frohlockt. Doch du beachtest davon nichts. Du läufst, wie du immer schon gelaufen bist, läufst, weil dir die Zeit fehlt, läufst in die Station, siehst, wie kirschrot „1 Minute" auf der digitalen Anzeige brennt, hetzt die Waschbetontreppen rauf, rufst „Komm schon" zur Digitalanzeige, wie du es sonst zu deinem Auto oder Computer, wenn sie nicht anspringen, sagst. Du siehst den Gondelführer, deutest ihm, der eben das zitronengelbe Gitter schließen will, lächelst ihn an, läufst, wie du immer schon gelaufen bist, schlüpfst durch ein Drehkreuz, springst in die Seilbahn, siehst das schwarze Rippblech unter dir und keuchst, keuchst, keuchst, während der Gondoliere gemächlich das Gitter schließt, die Tür verriegelt und in einen Telefonhörer flüstert, dass man jetzt bereit sei. „Voll", sagt er, als vom anderen Ende der Leitung die Frage kommt, ob Leute in der Gondel sind. „Voll!" Dann lacht er und murmelt: „Aber die meisten verstehen mi net." Was für eine Sprache? Wie eine Dachluke kommen dir diese Wörter vor, ein Spalt in ihn hinein, ins Innere des Gondelführers.

Du blickst dich um und siehst Urlauber, die mit ihrer Skiausrüstung aussehen wie wandelnde Heizdecken. Die meisten haben hellrosa Lippen und Sonnencreme im Gesicht, verbrannte Nasen. Da macht es einen Ruck, setzt sich die Gondel in Bewegung, sacht zuerst, so als wollte sie sich raustasten wie ein Schildkrötenkopf nach einem Angriff. Vorbei an hölzernen, mit Schrammen gesprenkelten Leitplanken, schneller dann, du merkst, wie sich die Gondel hebt, es aufwärts geht, siehst die rasch kleiner werdende Talstation und spürst, wie dir der Boden unter den Füßen weggezogen ist, du in der Luft liegst wie eine in die Höh geworfene Schildkröte, nur ist dein Panzer ein Metallkasten mit Fenstern, eine Seilbahngondel, brauchst du den Kopf nicht einziehen, kannst hinaussehen, sehen wie die Lärchen, die einzigen bis zur Baumgrenze wachsenden Bäume, kleiner werden, wie die Talstation, die Autos am Parkplatz bald Spielzeuggröße haben, und schon fallen dir all die Seilbahnunglücke der letzten Zeit ein, der Düsenjäger, der in Südtirol ein Seil durchschnitt, der Lasthubschrauber, dem ein Betonkübel entglitt – genau über einer Gondel, der Stromausfall, der Brand, die lose Halterung. Katastrophen und Tragödien, die dich nie tangierten, weil du ja nie in einer Seilbahn warst, nie hoch hinaus wolltest, dich Gipfel noch nie interessierten.

Jetzt aber hängst du drinnen, hängst an zwei Seilen, bist gefangen und fragst dich, wie du so naiv, so leichtgläubig, so dumm sein konntest, in eine Gondel einzusteigen und zu vertrauen. Einer vielleicht verlotterten Seilbahngesellschaft, besoffenen Technikern, gewinngeilen Aktionären? Langsam dämmert dir, dass du verloren bist, auch wenn du dir diesen Gedanken gleich verbietest. Du siehst zum Gondelwart, in dessen Gesicht sich keine Regung zeigt, selbst sein brotfarbener Bart ist wie versteinert. Du hörst die anderen Passagiere über ihre Witze lachen, die du nicht verstehst. Niemand in dieser Ausgelassenheit scheint noch gefasst, den Ernst zu spüren, niemand scheint wahrhaben zu wollen, dass ihr nur an einem Seil hängt, von dem keiner weiß, wie es beschaffen ist. Was, wenn es Materialfehler oder Seilfraß gibt? Kleine Kabelfressertiere? Vielleicht war die letzte Wartung schlampig, hüpft das Seil aus einer Rolle, gibt es Sabotage? Diebe? Ein Attentat?

Der Gondoliere steht da wie eine Stewardess. Seine langen, gebogenen Zähne blitzen aus dem Bartgeflecht. Hundezähne, und dir fallen die kurzen Zahnstummel deiner dicken Wirtin drunten im Tal ein. Ob Gondelfahren die Zähne wachsen lässt? Um im Falle eines Unglückes nach dem Seil zu schnappen, sich daran festzubeißen? Passen sich nicht alle Arten ihrer Umwelt an? Gibt es nicht Schmetterlinge mit Tigeraugen auf den Flügeln und Zebras mit Baumschatten-Bemalung? Bald wird es Tiere geben, die aussehen wie Radarfallen, rostige Abfälle oder Handgranaten. Warum also nicht Gondelführerzähne?

Der Gondoliere verrät nicht die geringste Regung. Als ein Windstoß auf die Gondel drückt, es leicht zu schaukeln anfängt, lächelt er. Ob man hier seekrank wird? Oder sind das erste Anzeichen eines Höhenrausches? Angeblich macht einen die Höhe nicht nur schwindelig, sondern auch ein klein wenig verrückt. Du fühlst dein Blut, wie es pulsiert, wie es klopft in deinem Fleisch, heraus will, deinen Körper schaukeln macht. Mit hundert Sachen rast dein Puls, ein Schweißfilm liegt auf deiner Haut, und in den Augen hängt die Angst, die gnadenlose, kaltherzige Angst. Wie eine englische Königin sitzt sie in dir, hat ihr Krönchen auf, trinkt Tee mit einem Tropfen Milch und verkündet, ohne ihre strenge Miene zu verziehen: Protokoll ist Protokoll ist Protokoll. Das verlangt die Tradition.

In der Tiefe siehst du die schroffen, aus dem Schnee ragenden Felsen, dunkelgraue Gesellen voller Risse, die Grimassen schneiden und dir zurufen: „Komm nur! Fall herunter! Trau dich! Komm!" Schwarzes Wasser tropft aus ihren Poren, schwarz wie Jesus-

blut an der Dornenkrone. Schwarz wie ihre tiefen Furchen, die ihnen das raue Klima eingegraben hat. Du überlegst, wie diese Steinspitzen das dünne Blech der Gondel, wenn sie runterfallen sollte, schlitzen würden, aufschlitzen wie Kinder eine Getränkedose oder Eselsschwänze eine Jungfrau.
Dohlen kreisen an den Felsen. Kreischen. Werben um den Fortbestand der Schöpfung. Die müssen sich in keine Seilbahn stellen. Dir fällt die Ausgestopfte ein, die auf einem Ast im Stüberl deiner Wirtin sitzt, gleich neben dem Auerhahn, dem Rebhuhn und dem Elchgeweih, den 24 Krickerln, die mit Senkkopfschrauben an Holzbrettchen geschraubt sind, so dass die verzinkten Kreuzköpfe wie Augen in den Hirschschädeln stehen. Was ist das? Tierschädel in die Stube hängen? Ein heidnisches Ritual? Was Schamanistisches? Besänftigung der Hirschseele? Und die anderen Scheußlichkeiten? Ausgestopfte Bambis, Hexenpüppchen aus grobem Leinen, trollgesichtige Steine, eine Kerze in Penisform, auf der steht: „Danke für vierzig Jahre Gastfreundschaft", ein grünes Blechschild mit „Bierunser", dem Vaterunser der Biertrinker, Stickbilder und im Eck thronend über allem ein Fernseher, der die Menschen in der Welt sein lässt, die bestenfalls in sehr verzerrter Form als Heimatfilm und Musikantenstadl bis zu ihnen reicht.

Und jetzt, wo der Sturm anschwillt wie ein Penis vor der Fut, die Gondel wie ein Betrunkener schaukelt, selbst den abgebrühten Passagieren in ihren schicken Skianzügen nicht mehr zum Lachen ist, manche sogar beten, jetzt wärst du gerne wieder in dem Stüberl, diesem Urstand des Urigen, möchtest einmal noch all die wunderbaren Scheußlichkeiten sehen, die alte, dicke Wirtin mit den kurzen Zahnstummeln, der die Schweinsbraten und Knödel aus den Waden gewachsen scheinen, deren ganzer Körper wabbelig wie eine aufgeweichte Semmel wirkt. Wie schön wäre sie jetzt, welch Wohlklang wäre ihre Jammerlitanei über das Ausbleiben der Gäste, dass auch die wenigen, die sich noch zu ihr verirren, nichts mehr essen, nur auf die Gesundheit schauen, Fitnessteller wollen, Salate und Gemüseleibchen, während früher Betriebsausflüge mittags dreimal den Saal füllten, sechs, acht Bedienerinnen gar nicht nachgekommen sind, all die Braten, Schnitzel und Speckknödel zu servieren. Heute kommt kaum noch wer, zieht nicht einmal ihr Topfenstrudel Gäste an. Du aber siehst kein Stüberl, keine Wirtin, und du hörst auch keine Litanei.

Du stehst in der Gondel, die der röhrende Wind peitscht, ihr Schlag auf Schlag verpasst, sie umher reißt, nach links, nach rechts kippt, so dass du zitterst, dich fast ankotzt. Sollte das dein Ende sein, keine gewöhnliche Gondelfahrt, und doch ein bisschen venezianisch, eine Reise in den letzten großen Seufzer, eine Reise in die letzte lange Nacht. Deine Gondel ist zwar nicht schwarz und auch nicht asymmetrisch, auch singt dein Gondoliere kein Volare, hast du keine Samtpölster auf schwarzlackierten Stühlen unter dir, und bist doch im Canale Grande. Unter keinen Brücken fährst du durch, musst keine Vaporettos fürchten, keine Fischerboote, und doch ist deine Gondel auch ein Sterbezimmer, ein Fährschiff in die Welt der Schatten – im großen Kanal aller Vergänglichkeit.

Du blickst nach unten, kannst die Talstation nicht mehr erkennen, und auch oben, von der Bergstation ist nichts zu sehen. Der Gondelführer, den das Schaukeln nicht zu irritieren scheint, hat kaum Knöpfe zur Verfügung: „Langsamer", „Schneller", „Türentriegeln" kannst du lesen. Er hat „Langsamer" gedrückt, doch nützt es nichts. „Ist das nicht gefährlich", fragst du. Aber er lächelt, sagt: „Ach wo. Allerdings ist so a Gondel wie a Frau, durchschauen kann man's nie." So schlimm, denkst du. Du bist verloren. Alles schaukelt, Konvulsionen. Etwas schreit. Ist es in dir? Dein Mund? Du erschrickst, erstickst in dieser Stimme.

Die anderen Passagiere schweigen, nur ein kleines Grüppchen lacht, sagt, dass man hier Partys geben müsste, mit Salonmusik, Champagner, Kaviar, und wenn jemandem übel wird, kann er praktischerweise gleich in die Landschaft kotzen. Das Leben eine Gondelfahrt? Eine einzige Party? Aber war nicht der Start wie eine Geburt, und hängt nicht auch das Leben oft an Schicksalsfäden?

Nun seid ihr in dichten Nebel eingetaucht. Ist nichts mehr zu erkennen, nur, dass die Gondel nicht mehr vorwärts fährt, sondern steht, wenn sie nicht bereits runterfällt, zumindest kommt es dir so vor. Warum nur bist du eingestiegen? Warum? Wie konntest du vertrauen? Einer Technik, einem Fortschritt, dem Gerede von der neuen Zeit? Nun bereust du. Du bereust, vieles nicht getan zu haben, immer eine Ausrede gehabt, deine Talente vergeudet zu haben, bereust jede verpasste Gelegenheit, alles, was du stets verschoben hast, du schwitzt. Du schwitzt entsetzlich, schwitzt die Unendlichkeit heraus. Alles, was du getan hast, alles, wofür du jemals eingestanden bist, ist auf einmal ganz weit weg. Alles, was du bist und warst, ist unwichtig, lächerlich, absurd. Bald bist du nur noch ein Name in der Zeitung. Gebrochen werden deine Knochen sein, eine Unzahl kleiner Splitter, und dein Fleisch wird eingedrückt, zusammengefaltet wie eine ausgelassene Luftmatratze sein. Wie ein überfahrenes Tier wirst du aussehen, ein verzerrtes Abbild deiner selbst. Was bleiben wird, ist eine Todesanzeige in der Zeitung und sonst nichts.

Auch die anderen Passagiere sind nun still, blicken den Gondoliere böse an, wissen, dass er ihr Todesfahrer ist, ihr Fährmann Richtung Thanatos. Du spürst, wie ihr Hass sich steigert, wie sie murmeln, fluchen, ihre Skistöcke umfassen. Da macht sich der erste Luft, schreit in einer unbekannten Sprache, brüllt den Gondelführer an, der sich nicht regt, mit seinen daumenlangen Zähnen, seinen trüben Augen gleichgültig ins Leere starrt, sich nicht einmal entschuldigt für die ruckartigen Bewegungen, die nun von einem lauten Hui und Ahh begleitet werden. Wie ein Butler steht er da. Seelenlos.

Die Passagiere haben ihre Skibrillen an, sehen wie Banditen aus, wie Fleisch und Blut gewordene Verzweiflung. Räuber, die ihr eigenes Leben stehlen, sich nicht abfinden wollen mit dieser Reise ins Jenseits, und du merkst, dass sie nicht aufgeben, die Gondel erobern, umkehren, um ihr Leben streiten wollen. Aber wie denn? Selbst wenn sie den Gondoliere überrumpeln, wird die Gondel unerbittlich rauf gezogen, raus aus dieser Welt. Doch soweit denkt man nicht. Da hat sich schon einer auf den

Gondoliere geschmissen, ihn in den Würgegriff genommen, ein Stück Ohr ihm abgebissen, ausgespuckt, ein anderer schreit, dass er nicht sterben will, nicht kann, noch leben muss, drischt dabei auf den Bediensteten der Seilbahngesellschaft, dessen lange Zähne bald eingedrückt nach allen Seiten stehen wie ein Mikadospiel, während ein dritter mit Sonnencreme um sich spritzt. Die Gondel schaukelt wild. Einer hat ein Fenster aufgekriegt und kotzt hinaus. Ein anderer trinkt Zirbenschnaps und jodelt, während sich ein Pärchen, das sich zu Beginn der Fahrt noch fremd gewesen ist, wild umarmt, küsst und scheinbar viel ineinander zu tun gefunden hat.

Der Gondelführer versucht sich zu befreien, will den Telefonhörer erreichen, aber Passagiere beißen sich in seinen Füßen fest, schreien in Todesangst, schlagen auf seinen Gondelführerschädel, dass Blut wie aus einer zergatschten Kirsche spritzt, brüllen, bis man etwas knacksen hört. Draußen blitzt und donnert es, drinnen aber bricht ein Schädel, wird dem sich am Boden windenden Stellvertreter der Seilbahngesellschaft, dem Papst der Gondel, in die Nieren und den Bauch getreten, immer wieder, wieder und wieder, bis er nicht mehr wimmert, sein schönes dunkelblaues Käppi mit der gelben Schrift in einer großen roten Lache liegt. Jetzt packt man ihn, hebt ihn mit Hauruck zum Fenster und wirft ihn in den Nebel, sein Schuh verfängt sich, krallt sich fest, tausend Klammerarme wachsen aus ihm heraus, auch seine Zähne beißen sich noch einmal fest wie ein irrwitzig wütender Hund, aber nein, man kann ihn rausbugsieren. Er fällt und fällt und fällt. Da reißt der Nebel auf, siehst du ihn mitsamt blauem Anorak, Jeans und Bergschuhen in die Tiefe stürzen. Ein Schrei hängt an ihm dran. Ein Schrei wie der Schweif eines Kometen.

Kaum ist er verzogen, sticht die Sonne raus, blickst du zur Bergstation, siehst einen strahlend blauen Himmel, unter dem sich weiß angezuckerte Gipfel tummeln. Eine Pracht von Schneelandschaft, göttliches Panorama. Und du siehst die anderen Passagiere, die nun wieder Witze machen, fröhlich sind. Und auch der Gondoliere, kommt es dir vor, steht wie eh und je an seinem Platz mit den drei Knöpfen, sieht dich an und sagt mit einer Stimme voller Frieden: „Was man in den Bergen lernt, ist, zu vertrauen."

Du steigst aus, siehst schwarze, im Wind schaukelnde Gondeln, Skifahrer, die lustig zu ihren Pisten stapfen, lachen, eine Schneeballschlacht machen. Das Schild zum Restaurant mit abgebildeten Gerichten: Schweinsbraten, Gulasch, Schnitzel und eine abgeschnittene, mit Mohn bestreute Brust, ob die von der Gondel ist? Germknödel steht daneben. Ob du dem vertraust?

Etwas später kommt im Schritttempo die nächste Gondel, Männer der Seilbahngesellschaft mit kurzen Hosen stehen auf dem Dach, hängen an der Halterung, kontrollieren das Seil. „O, my God!", kreischt eine Touristin, „o, my God!" und auch dir wird schon vom Hinsehen schlecht. Ob das nicht gefährlich ist? „Aber wo, wir sind's gewohnt."

Die Autorinnen und Autoren

Friedrich Ani
geboren 1959, lebt in München. Er schreibt Romane, Gedichte, Jugendbücher, Hörspiele, Theaterstücke und Drehbücher. Sein Werk wurde mehrfach übersetzt und vielfach prämiert, u. a. mit dem Deutschen Krimipreis, dem Crime Cologne Award, dem Stuttgarter Krimipreis, dem Adolf-Grimme-Preis und dem Bayerischen Fernsehpreis. Friedrich Ani ist Mitglied des PEN-Berlin.

Birgit Birnbacher
geboren 1985 in Schwarzach im Pongau, lebt als Soziologin und Autorin in Salzburg. 2016 erschien ihr Debütroman *Wir ohne Wal*, sie wurde u. a. mit dem Literaturpreis der Jürgen Ponto Stiftung, dem Rauriser Förderungspreis und dem Theodor Körner Förderpreis ausgezeichnet. 2019 erhielt sie den Ingeborg-Bachmann-Preis. Zuletzt erschien der Roman *Ich an meiner Seite* (Zsolnay, 2020), der in mehrere Sprachen übersetzt wurde und für den Deutschen Buchpreis (Longlist) nominiert war.

Franzobel
geboren 1967 in Vöcklabruck, erhielt u. a. den Ingeborg-Bachmann-Preis (1995), den Arthur-Schnitzler-Preis (2002) und den Nicolas-Born-Preis (2017). Bei Zsolnay erschienen u. a. der Krimi *Rechtswalzer* (2019) sowie der Roman *Das Floß der Medusa* (2017), für den er auf der Shortlist für den Deutschen

Buchpreis stand und mit dem Bayerischen Buchpreis ausgezeichnet wurde. Zuletzt erschien der Roman *Die Eroberung Amerikas* (2021).

Olga Grjasnowa
geboren 1984 in Baku, Aserbaidschan, lebt in Berlin. Längere Auslandsaufenthalte in Polen, Russland, Israel und der Türkei. Für ihren vielbeachteten Debütroman *Der Russe ist einer, der Birken liebt* wurde sie mit dem Klaus-Michael Kühne-Preis und dem Anna Seghers-Preis ausgezeichnet. Zuletzt erschienen der Roman *Der verlorene Sohn* (Aufbau Verlag, 2020) und der Essay *Die Macht der Mehrsprachigkeit* (Duden, 2021).

Walter Kappacher
geboren 1938 in Salzburg. Seit 1978 freier Schriftsteller. Zahlreiche Auszeichnungen, u.a. Hermann-Lenz-Preis 2004, Georg-Büchner-Preis 2009; Mitglied der Deutschen Akademie für Sprache und Dichtung und der Bayerischen Akademie der Schönen Künste. Einige der jüngeren Werke: *Selina oder Das andere Leben* (Deuticke, 2005), *Der Fliegenpalast* (Residenz Verlag, 2009), *Das Land der roten Steine* (Hanser Verlag, 2012), *Die Amseln von Parsch* (2013), *Ich erinnere mich* (2018), beide Müry Salzmann Verlag.

Christina Maria Landerl
geboren 1979 in Steyr, Oberösterreich, lebt und arbeitet als Schriftstellerin in Wien und Berlin. Ausgebildete

Sozialpädagogin und Traumaberaterin. Studierte u. a. Germanistik und Gender Studies an der Universität Wien sowie am Deutschen Literaturinstitut Leipzig. Ihr Debüt *Verlass die Stadt* erschien 2011 (Schöffling & Co.), es folgten die Romane *Donnas Haus* (2016) und *Alles von mir* (2020), beide im Müry Salzmann Verlag.

Elke Laznia
geboren 1974 in Klagenfurt, lebt als freie Schriftstellerin in Salzburg. Publikationen in *manuskripte*, *SALZ* etc. Zahlreiche Preise, u. a. Rauriser Förderungspreis, *manuskripte*-Förderungspreis (2012), Maria-Zittrauer-Lyrikpreis (2013), Georg-Trakl-Förderungspreis (2016), Kärntner Lyrikpreis (2017). Im Müry Salzmann Verlag erschienen ihr Debüt *Kindheitswald* (2014) sowie die Bände *Salzgehalt* (2017) und *Lavendellied* (2019).

Flora S. Mahler
geboren 1975 in Wien, Studium der Philosophie und Germanistik. Publikationen in Anthologien und Zeitschriften u. a. *Lose Blätter*, *die Rampe*. Seit 2005 Arbeit als bildende Künstlerin im Kollektiv Asgar/Gabriel. Zahlreiche Ausstellungen, darunter National Gallery of Victoria (Melbourne), Torrance Art Museum (Los Angeles), Kunsthal Rotterdam, Kunsthallen Brandts (Odense). Ihr Romandebüt *Julie Leyroux* erschien 2021 im Müry Salzmann Verlag.

Rafik Schami
geboren 1946 in Damaskus, wanderte 1971 in die Bundesrepublik aus. Studierte Chemie in Heidelberg, 1979 Promotion. Heute zählt er zu den bedeutendsten Autoren deutscher Sprache. Seine Bücher wurden in 33 Sprachen übersetzt und mit vielen Preisen ausgezeichnet, darunter der Hermann-Hesse-Preis, der Adelbert-von-Chamisso-Preis, der Nelly-Sachs-Preis und der Preis gegen das Vergessen und für Demokratie. Schami ist Mitglied des PEN-Clubs und der Bayerischen Akademie der Schönen Künste. Veröffentlichungen u.a.: *Eine Hand voller Sterne* (1987), *Die dunkle Seite der Liebe* (2004). Zuletzt erschienen: *Mein Sternzeichen ist der Regenbogen* (Hanser 2021) und *Gegen die Gleichgültigkeit* (Schiler und Mücke 2021).

Michael Stavarič
geboren 1972 in Brno, lebt als freier Schriftsteller, Übersetzer und Dozent in Wien. Zahlreiche Stipendien und Auszeichnungen, u.a. Adelbert-Chamisso-Preis, Österreichischer Staatspreis für Kinder- und Jugendliteratur, Hohenemser Literaturpreis. Zuletzt erschienen der Roman *Fremdes Licht* (Luchterhand, 2020), der Gedichtband *Zu brechen bleibt die See* (Czernin Verlag, 2020) und das Kinderbuch *Faszination Krake* (Leykam, 2022).

Dank

Dieses Buch vermittelt einen ungewöhnlichen literarischen Zugang zu dem weltberühmten Lied „Stille Nacht! Heilige Nacht!". Verlegerin Mona Müry konnte namhafte Autorinnen und Autoren für das Projekt gewinnen. Dafür möchten wir ihr danken, genauso wie für die enge Zusammenarbeit mit der Stille Nacht Gesellschaft.

Weiters sind wir Tomas Friedmann, dem Leiter des Literaturhauses Salzburg, für wertvolle Anregungen und das Vermitteln von Kontakten zu Dank verpflichtet.

Das Land Salzburg gewährt der Stille Nacht Gesellschaft eine Förderung, ohne die auch dieses Buch nicht möglich gewesen wäre. Die 14 Stille Nacht-Gemeinden, die Stille Nacht-Museen und die SalzburgerLand Tourismus (SLTG) sind für alle Projekte der Stille Nacht Gesellschaft eine beständige, wertvolle Unterstützung.

Christa Pritz
Präsidentin der Stille Nacht Gesellschaft

Der Text von Walter Kappacher ist ein Auszug aus dem Roman *Selina oder Das andere Leben* (Deuticke im Paul Zsolnay Verlag Wien, 2005), S. 172–178.
Alle anderen Texte sind Originalbeiträge für dieses Buch.

Alle Rechte vorbehalten. Kein Teil dieser Publikation darf in irgendeiner Form oder in irgendeinem Medium reproduziert oder verwendet werden, weder in technischen noch in elektronischen Medien, eingeschlossen Fotokopien und digitale Bearbeitung, Speicherung etc.

Bibliografische Information der Deutschen Nationalbibliothek
Die Deutsche Nationalbibliothek verzeichnet die Publikation in der Deutschen Nationalbibliografie; detaillierte bibliografische Daten sind im Internet über http://dnb.de abrufbar.

Für die freundliche Unterstützung danken wir der
Stille Nacht Gesellschaft sowie dem Literaturhaus Salzburg.

© 2022 müry salzmann
Salzburg – Wien
Titelbild: Yves Klein, Jonathan Swift (ANT 125), ca. 1960 (Detail)
© Succession Yves Klein c/o Bildrecht, Wien 2022
Konzeption, Lektorat, Gestaltung:
Mona Müry und Silke Dürnberger
Gedruckt in der EU.
ISBN 978-3-99014-236-3
www.muerysalzmann.com

Marlene Streeruwitz
geboren 1950 in Baden bei Wien, studierte Slawistik und Kunstgeschichte und begann als Regisseurin und Autorin von Theaterstücken und Hörspielen. Für ihre Romane erhielt sie zahlreiche Auszeichnungen, darunter zuletzt den Bremer Literaturpreis und den Preis der Literaturhäuser. Ihr Roman *Die Schmerzmacherin* stand 2011 auf der Shortlist für den Deutschen Buchpreis. Zuletzt erschienen der Roman *Flammenwand* (S. Fischer Verlag, 2019) und das *Handbuch gegen den Krieg* (bahoe books, 2022).

Jens Wonneberger
geboren 1960, lebt in Dresden. Seit 1992 freiberuflicher Schriftsteller. Diverse Stipendien, u. a. 2017 Werkstipendium des Deutschen Literaturfonds und 2018 das London-Stipendium des Deutschen Literaturfonds. Zahlreiche Romane, Erzählungen und Sachbücher. Im Müry Salzmann Verlag erschienen die Romane *Goetheallee* (2014), *Himmelreich* (2015), *Sprich oder stirb* (2017) *Mission Pflaumenbaum* (2019, Nominierung für den Deutschen Buchpreis 2020, Longlist) sowie *Flug der Flamingos* (2021).

Empfehlungen aus dem Müry Salzmann Verlag

*Ein Panorama an Kindheits-
und Jugenderinnerungen.
Ein perfektes, kleines Geschenk!*
Die Presse

ISBN 978-3-99014-221-9
144 S., EUR 19,–

*Diese Gedankenskizzen sagen
viel über Walter Kappachers
denkerisches Temperament.*
Frankfurter Allgemeine Zeitung

ISBN 978-3-99014-167-0
184 S., EUR 24,–

*Es gibt wenige Bücher, die einem
Vergleich mit diesem Roman
standhalten.*
Das Blättchen

ISBN 978-3-99014-218-9
160 S., EUR 19,–

Empfehlungen aus dem Müry Salzmann Verlag

Welche Bücher sind verzichtbar, und welche sollten die noch ausstehende Beachtung finden? Ein paar notwendige Vorschläge von Ilija Trojanow, Raphaela Edelbauer, Franz Schuh u.v.m.
ISBN 978-3-99014-228-8
176 S., EUR 24,–

Ein ganz großartiges Stück Literatur, ein Lesegenuss zum Abtauchen.
Löwenherz Buchhandlung, Wien

ISBN 978-3-99014-219-6
512 S., EUR 29,–

Ein feines, empfindsames Buch, das ganz locker ein hochkomplexes Thema behandelt.
Der Tagesspiegel

ISBN 978-3-99014-214-1
288 S., EUR 24,–

müry salzmann

*Der Roman liest sich soghaft weg!
Richtig gelungen ist die Leichtigkeit,
mit der Flora S. Mahler Queerness
einwebt.*
Maria Christina Piwowarski &
Ludwig Lohmann (blauschwarzberlin)

ISBN 978-3-99014-215-8
240 S., EUR 24,–

*Ganz subtil geht es in diesem
Buch um die großen Themen, ums
Sehnen und Sichbefreien, um die
Überwindung der Verletzung und
des Verlassenwerdens.*
Frankfurter Allgemeine Zeitung

ISBN 978-3-99014-206-6
128 S., EUR 19,–

Ein einziges Klangkörperhaus.
manuskripte

*Eine Rarität auf dem heutigen
Literaturmarkt.*
Die Furche

ISBN 978-3-99014-193-9
120 S., EUR 19,–

müry salzmann

Sandra Reichert
Der Himmel muss warten
Roman

Frech, frei und mit einem gerüttelt Maß an Selbstironie – ein starkes Romandebüt!

ISBN 978-3-99014-231-8
208 S., EUR 24,–

Kafkaesk, rätselhaft, bedrohlich und dann immer wieder sehr gegenwärtig.
Lausitzer Rundschau

ISBN 978-3-99014-225-7
192 S., EUR 19,–

Eleonora Hummel
Die Wandelbaren
Roman

Eleonora Hummel ist eine fantastische Erzählerin.
Salzburger Nachrichten

ISBN 978-3-99014-196-0
464 S., EUR 24,–

www.muerysalzmann.at